Anne Chirol

Toi-mème

50 profils des temps modernes en quête de validation sociale

Illustrations de **Lisa Carpagnano**

DENOËL

Introduction

« *Toi-même tu sais* », abrégé « *TMTC* », lançait-on avec un clin d'œil quand j'étais encore au collège au début des années 2010. Une expression un peu trop confidentielle pour être retenue comme nom d'une chronique, alors va plutôt pour Toi Mème. Un jeu de mots mélangeant un pronom personnel avec le phénomène internet humoristique qu'est devenu le mème en quelques années. Dans ma définition, Toi Mème représente un miroir reflétant le mème – pièce virtuelle massivement reprise, déclinée et détournée sur internet de manière souvent parodique – hurlant qui sommeille en chacun de nous, galvanisé par notre besoin de nous exposer et d'obtenir une validation sociale sur les réseaux.

Tout commence en mai 2023. Je suis alors en stage de fin d'études au journal *Le Monde*. Sans trop y réfléchir, je propose une idée de chroniques à mes chefs. Depuis plusieurs années, j'effectue des stages dans le groupe Le Monde pour tenter de me faire une petite place dans ce secteur hermétique qu'est le journalisme, si difficile d'accès quand on n'a aucun contact.

À chacune de mes expériences, j'évoque mon envie de parler de la *sad girl*, jeune fille en pleurs des années Skyblog, qui romantise la tristesse féminine. Jamais je ne trouve la façon idéale pour l'aborder. Jusqu'à cette fameuse nuit où une ampoule s'allume dans ma tête, image d'Épinal comme celles que l'on peut voir dans un dessin animé. Je me lève et fonce griffonner sur un papier quelques mots, histoire de ne rien oublier au matin – habitude sûrement toxique, mais fructueuse, que j'ai prise en devenant journaliste.

L'idée ? Raconter les archétypes du numérique et de la pop culture sous forme de personnages, en mêlant analyse, caricature et sarcasme. Derrière ce projet, une question m'obsède, celle de la représentation. Que donne-t-on à voir de nous en ligne ? Pourquoi cette mise en scène grandiloquente prend-elle désormais autant de place dans nos vies ? Quand je poste un selfie, la poitrine en avant, qu'est-ce que j'essaie de faire passer comme message ? De même, quand je vais à la salle de sport et que, dans le miroir des vestiaires, je me mets de dos et cambre au maximum pour dévoiler fièrement ma chute de reins après une séance ? Ou encore, qu'est-ce que je souhaite montrer en documentant en story Instagram le fait que je suis encore en train de travailler sur un article à 2 heures du matin un lundi soir, également jour férié ? Et, quand je viens de vivre une rupture amoureuse, à quoi bon me dévoiler sous mon meilleur jour, habillée sur mon 31, grand sourire aux lèvres, alors que, intérieurement, je n'ai tellement plus d'âme ni de larmes dans mon corps que je m'imagine tel un pruneau tout sec ? Ces exemples d'autofiction sont devenus si communs de nos jours que le besoin de les analyser m'est apparu assez spontanément. Probablement en 2021, lorsque j'ai décidé de faire une pause des réseaux sociaux pendant presque huit mois. À mon retour sur les plateformes, j'ai développé un œil avisé pour analyser les comportements de mes semblables en ligne. D'un coup, c'est comme si j'avais acquis de nouvelles lunettes pour observer le monde virtuel et le critiquer.

Dans cet ouvrage, je questionne notamment la place du point de vue (le fameux « *pov* », *point of view* pour les intimes). Qui décide si je suis une *fitgirl*, un *incel*, ou une karen ? Est-ce moi qui le revendique ? Ou est-ce que je subis honteusement l'archétype qui me colle à la peau et dont je ne peux me défaire ? Et est-ce qu'une fois passé ce moment, je me le réapproprie comme quelque chose de cool ? Les usages sont multiples, comme nous le verrons ensemble.

Cet ouvrage, bien que multigénérationnel, traite en particulier de deux générations, plutôt jeunes. D'abord, celle dont je fais partie, la génération Z (plus communément appelée avec un condescendant accent anglais « Gen Z »), c'est-à-dire les gens nés entre 1997 et 2010. Étant de l'année 1997, je suis donc une doyenne des Gen Z, quasiment à cheval avec les millénials, ou génération Y – en référence à la forme donnée par les écouteurs filaires, mais aussi à « *why ?* », puisqu'ils remettraient beaucoup de choses en question –, nés entre 1980 et 1997. De fait, nous sommes les premières générations à avoir baigné dans la marmite plus qu'éclaboussante d'internet, des réseaux sociaux et de la pop culture qui en découle. Mais ne vous inquiétez pas. Je n'épargnerai pas non plus les archétypes décrivant des personnes plus âgées. Dans ces pages, tout le monde est logé à la même enseigne, personne n'est épargné par mon sarcasme ambulant. Chacun est ramené à ses paradoxes les plus criants. Qu'importe que ces personnages soient féminins, masculins, vieux ou jeunes, plutôt de gauche ou de droite, progressistes ou conservateurs, inspirants ou enquiquinants... Dans une chronique, le journaliste prend forcément position. La mienne est de n'oublier personne. Le propre d'une caricature, me direz-vous sûrement. Encore plus quand les personnages sont tellement stéréotypés et drôles sur les réseaux sociaux qu'ils en deviennent des énormes caricatures d'eux-mêmes en portant certains traits à leur paroxysme !

Pour commencer cette fresque sociale pleine de portraits tantôt drôles, tantôt énervants, et parfois tristes ou révoltants, je vous plongerai d'abord dans l'« Anatomie du mème » (chapitre 1). En explorant plusieurs personnages amusants à nous fendre la poire, je définirai ce qu'est un mème, d'où il vient, comment il se propage. Nous allons entrer dans nos contradictions humaines concernant le fait de voyager « authentiquement », sans apparaître tel un « néocolon », sans succès malheureusement. Ou encore nous amuser du traitement de la candide jetset sur les réseaux sociaux.

Pour vos beaux yeux, je poursuivrai ensuite cette analyse sur l'évolution de l'amour (chapitre 2). À travers les nouvelles façons de faire couple ou de faire famille, j'interrogerai l'individualisme grimpant dans la société, mais aussi le désengagement qui s'installe de plus en plus, malgré des représentations toujours très stéréotypées de la réussite liée à l'amour.

Puis je passerai à un thème passionnant pour moi : la quête de l'éternelle jeunesse. Dans « Jeune & jolie » (chapitre 3), je parlerai de la prépondérance d'archétypes féminins, comprenant souvent le mot « *girl* », pour souligner le lien entre beauté, jeunesse et dynamisme. Et j'aborderai le thème de la femme-enfant, extrêmement présente dans nos représentations culturelles avec des œuvres telles que *Lolita* de Nabokov, ainsi que celui de la romantisation de la tristesse féminine.

Nombre de personnages féminins sont assujettis à des standards de beauté et nécessitent une mise en scène de soi très sexy. Beaucoup plus que pour les personnages masculins. Pour cause, les diktats de genre influencent les sphères les plus intimes. Selon le rapport « La femme invisible dans le numérique : le cercle vicieux du sexisme » du Haut Conseil à l'Égalité entre les femmes et les hommes (HCE), paru le 7 novembre 2023, les femmes restent largement sous-représentées sur les réseaux sociaux. Pire encore, quand elles le sont, c'est de manière stéréotypée ou dans une position où elles sont victimes de sexisme, comme le démontre l'étude des 100 contenus les plus visionnés sur YouTube, TikTok et Instagram. Au-delà de ce manque de représentation, les réseaux sociaux ont aussi un impact néfaste sur la santé mentale des jeunes femmes, qui se comparent et performent dans le but de se montrer sous leur meilleur jour. Cette performance de soi pour obtenir « Un corps à soi » (chapitre 4) à travers une performativité aussi bien physique

que dans son travail, sa vie de couple ou de famille, est passionnante, surtout à l'ère où le culte des influenceurs règne.

Par la suite, je m'attacherai à entrer dans une sphère plus qu'inquiétante : la manosphère des « Masculinistes en sueur » (chapitre 5) renfermant nombre d'hommes dépassés par le changement de paradigme initié dans la société par les vilaines féministes. Une question essentielle dans un contexte où les femmes sont de plus en plus progressistes, et les hommes de plus en plus conservateurs, selon plusieurs études récentes.

Ensuite, je retrouverai les jeunes générations pour évoquer une tendance devenue bien plus qu'une mode, en jetant « Un regard vers l'Asie » (chapitre 6). En effet, depuis quelques années, des pays comme la Corée du Sud, le Japon, Taïwan, Hong Kong influencent le monde entier. Qu'il s'agisse de tendances culinaires, culturelles, de beauté..., l'Asie lance désormais les modes, qu'elle diffuse dans le monde entier à grande vitesse. Pour le meilleur comme pour le pire...

Pour finir, j'aborderai le thème du « travail, c'est la santé ? » (chapitre 7). Depuis des années, ce domaine prédominant dans nos vies est de plus en plus repensé, encore plus depuis la pandémie de Covid-19. Chez les jeunes générations, déjà en pleine réflexion, cette période n'a fait que confirmer le fait que le travail n'était pas leur vie. À travers quelques archétypes, nous allons pouvoir étudier la portée de ces mouvements de remise en question du travail, leurs limites, mais aussi entrevoir la fracture générationnelle inhérente à ces mutations.

Le livre que vous vous apprêtez à lire est un essai, sorte de témoignage journalistico-sociologique relatant une époque folle. Dans quelques années, les créateurs de contenus seront probablement tombés en désuétude, TikTok sera devenu le nouveau Facebook, soit un réseau social de personnes matures. La Gen Z aura des enfants (ou privilégiera des animaux loufoques). Elle passera son temps à radoter sur comment c'était mieux avant, et comment la jeunesse d'aujourd'hui est de plus en plus incontrôlable et irrespectueuse. Le twerk sera sûrement aussi ringard que la danse du robot des années 80 que font encore nos parents aux mariages et bals de village. Le *bubble tea* venu d'Asie, laissé aux oubliettes. Peut-être que les nouvelles générations ressentiront un ras-le-bol devant les photos d'eux prises gamins. Et que l'on aura des mouvements de demande de réparation vis-à-vis de leurs parents, parce qu'ils les auront surexposés sans leur consentement. Qu'importe l'avenir, concentrons-nous désormais sur les enjeux présents.

Chapitre 1

Anatomie du mème

Le mème disséqué

Ovni du web, le mème s'est tellement massifié ces dernières années qu'il est devenu incontournable. Même si l'on ne connaît pas sa définition, on en a forcément vu au moins un passer en ligne. En 1976, le terme naît dans l'essai *The Selfish Gene* (*Le Gène égoïste*, Odile Jacob, 2003) du biologiste Richard Dawkins. À l'origine, ce mot-valise fusionnant le grec «*mimesis*» (imitation) et «gène» n'a pas du tout l'acception qu'on lui connaît désormais. Dawkins présente les mèmes comme des réplicateurs, comparables à ce titre aux gènes, responsables de l'évolution de certains comportements animaux et des cultures. Il retient ce néologisme pour sa ressemblance avec le mot français «même».

Toutefois, celui-ci n'est pas nouveau. En 1921, bien avant l'arrivée d'internet, une première trace de mème apparaît. Sous forme de bande dessinée, un dessin publié dans le magazine satirique *The Judge* de l'université de l'Iowa présente un «*Attentes vs. Réalité*». À gauche, on voit un homme élégant, plutôt séduisant, avec des traits bien dessinés. À droite, un dessin grossier où les traits se font plus enfantins, brouillons. «*Ce à quoi tu penses ressembler quand tu es pris en photo avec un flash*» versus «*ce à quoi tu ressembles vraiment*», indique la légende. Un concept loin de nous être étranger, puisque nous baignons dans des contenus similaires, avec l'assemblage d'images comme «*Insta versus réalité*». Ou encore, «*quand tu te regardes dans le miroir*» versus «*quand tu ouvres la caméra frontale sans faire exprès*», avec quadruple menton à la clé. Nous n'avons donc rien inventé à ce niveau-là. De tout temps, nous nous sommes moqués des absurdités et fantasmagories de l'époque, sans jamais oublier de nous y inclure à coups d'autodérision. Le pastiche n'est pas né hier.

Aujourd'hui, le mème est un élément culturel humoristique, remixé et décliné en masse sur internet au point d'en devenir viral. Complètement décloisonné, il se laisse approprier, se reproduit, se transmet et se déploie à l'infini. Chacun peut l'interpréter dans diverses situations. Autonome par essence, le mème n'est pas figé, il fluctue à sa guise. Et il n'appartient à personne. Il pourrait presque être considéré comme un bien public.

Les premiers mèmes tels qu'on les connaît tracent leur sillon dans les années 90, avec le développement de l'accès à internet. En 1996, le mème du « bébé qui danse » sur de la musique électro explose. Il s'agit plutôt d'un GIF que l'on envoie par mail pour rire. Ces images virales commencent déjà à faire contre-culture, avec le Grumpy Cat, Salt Bae...

Dans les années 2000, les banques d'images explosent. Nombre d'entre elles proposent un monde du travail parfait, avec des photos lisses, surfaites, où les sourires sont crispés et où tout le monde est censé être enjoué d'aller au travail. En arrière-plan, on perçoit des open spaces aseptisés avec des bacs remplis de fausses plantes. Du pain bénit pour les internautes – notamment pour les plus jeunes qui remettent en question la place du travail dans leur vie (voir chapitre 7) –, qui vont détourner sans vergogne ces images d'Épinal pour s'amuser, à la façon de la série sarcastique *The Office*. Un de mes amis mexicains, Heriberto D., est devenu l'objet d'un mème plutôt connu au Mexique et en Amérique latine, où on le voit assis confortablement à son bureau, dans un open space, aux côtés de son patron. La légende dit : « *Mon boss : tu es viré. Moi : *en train de mettre Netflix en pause* pourquoi ?* » Devenu une ministar, il lui arrive désormais d'être reconnu dans la rue. Et dans ses entretiens d'embauche, cette célébrité lui permet paradoxalement de briller et de se différencier des autres candidats.

Grâce à ce contre-modèle esthétique, loin des canons que l'on trouvait en ligne dans les années 2000, les internautes font communauté par le rire, le sarcasme et la critique. Ces derniers mélangent les esthétiques, futuristes ou nostalgiques (du Moyen Âge, des années 90...), policées ou grotesques. La règle numéro 1 ? Il n'y en a aucune. Aucun poncif de « bon goût », de présentation. S'il doit marcher, il fera son petit bonhomme de chemin par lui-même. Souvent non crédités, les faiseurs de mème, parmi les « *meme lords* », luttent pour en produire le plus possible chaque jour, en espérant qu'une de leurs œuvres « prenne ».

Toujours dans les années 2000, les mèmes se diffusent massivement et se popularisent sur des forums comme 4chan, Reddit, Tumblr… On ne compte plus le nombre de « neurchi » (chineurs de mème, en verlan) présents sur des groupes Facebook et des pages Instagram relatant les derniers mèmes en vogue, que les internautes s'empressent ensuite de remixer à leur convenance.

Pour les jeunes générations, le mème est un élément plus que prédominant dans nos vies bercées par les réseaux sociaux. Mais pour ceux qui ont grandi sans ces technologies et ne sont pas familiers de la culture geek, cette connivence communautaire n'est pas forcément intelligible. Malgré un langage familier, en anglais souvent, si l'on ne connaît pas le contexte ou la culture, difficile d'en comprendre le sens. D'où la création de l'encyclopédie en ligne Know your Meme, qui s'attache à retracer l'histoire des pépites numériques les plus populaires et, ainsi, à rendre cette culture accessible au plus grand nombre.

Quand des centaines de mèmes émergent chaque jour, pourquoi telle pièce humoristique réussit-elle à tirer son épingle du jeu plutôt qu'une autre ? Impossible de prévoir quel mème deviendra viral ou non. D'autant que, parfois, le mème passe du pastiche humoristique à une information du web à analyser – comme je l'ai fait dans ma chronique « Toi Mème » et dans ce livre. D'ailleurs, de plus en plus de chercheurs se sont mis à étudier ces ovnis d'internet tels des faits sociaux. Enfin, les médias considèrent la pop culture comme un objet immatériel aussi noble que d'autres actualités non virtuelles.

Comme toute contre-culture, celle-ci a fini par se généraliser, et par faire tout simplement culture. Fini l'esthétique proprette d'internet, nous assistons à un retour du moche (*goofy girl* quelques paragraphes plus loin), du brut de décoffrage, du kitsch, du grotesque. À bon entendeur.

La karen

Cette femme que vous n'avez pas envie d'être

« *Allez, arrête de faire ta karen* », c'est ce que vous avez peut-être déjà dit à cette amie qui semble passer une mauvaise journée et le fait ressentir au serveur. Pull à fermeture zippée, legging de sport, baskets bien lacées, la karen, c'est cette maman quadra américaine vindicative, prête à en découdre, devenue un mème universel. Elle est également connue

comme la cheffe de file des *basic bitch*, c'est-à-dire des femmes ayant des goûts basiques, moyens, plutôt standards, que ce soit en matière de style, de coupe de cheveux, de nourriture... Mais aussi en matière d'intérêts.

D'où vient-elle ? Difficile à établir clairement, mais l'usage de ce prénom pour tourner en dérision des femmes *control freak* et désagréables apparaît en 2018. Il viendrait de la communauté afro-américaine. Aujourd'hui, ce personnage fictif issu des banlieues de la classe moyenne américaine est connu dans le monde entier. Sur TikTok, le #karen regroupe déjà plus de 45 milliards de vues.

Dans la plupart des mèmes, le gimmick « *Je voudrais parler au manageur* » s'affiche au-dessous de la photo d'une femme aux larges lunettes de soleil, carré blond platine plongeant, l'expression bougonne.

La karen aurait pu s'insérer parfaitement dans le casting de nos chères *Desperate Housewives*. C'est le style de maman à vouloir absolument devenir déléguée des parents d'élèves et obtenir une place de parking VIP devant l'établissement, parce que c'est son bon droit d'y garer son gros SUV, en tant que personne importante et femme influente. Bien évidemment, elle vote républicain, boit les paroles de Donald Trump, pense que le Covid-19, c'est du vent. Elle n'est pas raciste, parce qu'elle a un ami noir.

Justicière dans l'âme, la karen se sent parfois investie de missions. Pas question de rester assise les bras croisés à regarder l'incartade à venir, qu'elle a le nez pour flairer davantage que le yorkshire qu'elle tire au bout de la laisse. Héroïque, participer aux patrouilles de nuit pour préserver son petit quartier tranquille des éventuels malfrats ne lui fait pas peur.

Ce mème devient plus politique en 2020, après la mort de l'Afro-Américain George Floyd, à Minneapolis (Minnesota), lors d'une arrestation policière. Le mouvement Black Lives Matter (« les vies noires comptent ») prend de l'ampleur à travers le monde entier. Sur les réseaux sociaux, la karen devient peu à peu l'emblème de la Blanche raciste. Comme dans la vidéo, diffusée sur Twitter, d'une femme blanche qui vocifère qu'elle va appeler

la police parce qu'un « *Afro-Américain menace de* [la] *tuer* ». L'homme en question lui avait, en réalité, demandé d'attacher son chien.

À chaque affaire, la karen ressort et connote toujours plus péjorativement ce prénom, devenu symbole du racisme systémique aux États-Unis. Chez nous, on l'emploie surtout pour parler d'une mère au foyer un peu relou, aux comportements gênants. Bref, si on vous dit que vous en êtes une, c'est loin d'être un compliment.

La goofy girl

Une fofolle pas si spontanée

Réussir à se prendre en photo, un sacré challenge pour Alice Moitié. Dans une vidéo postée le 27 février sur TikTok, la réalisatrice de clips et photographe de mode, estampillée nouvelle coqueluche de la génération Z, a dévoilé avec un sens certain de l'autodérision ses autoportraits « *ratés* ». « *Waouh, qu'est-ce que tu es expressive, tu as l'air extrêmement sympathique* », lance-t-elle à son reflet tirant la tronche. Regard vers le ciel, visage enfantin, elle ironise : « *Ça, c'est moi devant le prêtre quand il me tend l'hostie !* »

Cette trentenaire est ce qu'on appelle une *goofy girl*, une « fille dingo ». La malice goguenarde qu'elle injecte dans ses publications sur les réseaux sociaux lui a permis de séduire les personnalités les plus en vogue, de PNL à Léna Situations en passant par Angèle. La chanteuse belge, rompue à l'exercice du second degré, habituée à poster des clichés censés être peu flatteurs, pourrait d'ailleurs être la cheffe de file des *goofy girls*. Et elle n'est pas la seule à exploser le poli et le lisse,

en y injectant une touche de moche et de kitsch. Des stars internationales adoubées par les internautes comme Rosalía, Doja Cat ou Billie Eilish font de même.

Pour l'anniversaire de la *goofy*, son conjoint publie sur Instagram un portrait d'elle enfant, avec une dent manquante et du chocolat partout. Puis un selfie qui la montre avec un masque de beauté sur le visage. Et un dernier cliché d'elle faisant le pitre dans une soirée guindée. La *goofy girl* fait aussi ses délices de la tendance sur TikTok « *My boyfriend has two girlfriends* » (« mon copain a deux petites amies », en français), qui consiste à assembler deux vidéos de soi. D'abord une fofolle, en jogging, dansant n'importe comment. Puis une autre, apprêtée, avec longue robe fendue et moue boudeuse. Tout pour dépeindre une relation amoureuse authentique et sans chichis, loin de la perfection factice des réseaux. Une antithèse « joli-laid » qui, selon la journaliste de mode Alice Pfeiffer, dans son essai *Le Goût du moche* (Flammarion, 2021), doit être appréhendée avec précaution, voire sérieusement questionnée, quand elle dissimule un privilège de classe. « *S'extasier sur une source de "moche" revient à se distancier de la réception de masse de l'objet – et à tourner le dos à un beau devenu trop accessible.* »

Véritable pied de nez au lustré et à l'uniforme, la « culture du moche » casse les codes d'Instagram : la même forme de beauté, les mêmes poses, les mêmes habits, dans les mêmes paysages idylliques. Pour sortir de cette ennuyeuse perfection, on revient à une forme d'authenticité, brute de décoffrage, qui dérange et brise le « bon goût », comme la *goofy girl* s'affiche sur l'application de partage de photos BeReal.

Selon ma consœur Beatrice Latini, interviewée dans un épisode du podcast « L'Heure du Monde », une nouvelle esthétique misant sur une authenticité très réfléchie séduit les jeunes mais aussi leurs icônes, qui « *affirment vouloir se détacher des diktats de la performativité et de la beauté. Mais, en même temps, ce sont ces personnalités-là qui imposent [ces] diktats* ». Un comportement paradoxal.

Censée se montrer détachée, la *goofy girl* essaie de faire croire qu'elle se fiche de ce que les autres pensent d'elle. Pourtant, derrière ses clichés faussement naturels pris après maints essais infructueux, elle reste soumise à une constante déformation de son reflet, prisonnière du palais des glaces que représente la caméra frontale de son téléphone. Ou comment la recherche de l'antiperfection devient une quête de la perfection comme une autre.

Les cheveux de riches

Ces bourgeois à la toison argentée

Quand il sort de la prison de Fleury-Mérogis, le 5 août 2022, Patrick Balkany, remis en liberté conditionnelle dans le cadre de sa condamnation pour fraude fiscale, est immédiatement interrogé par BFM TV. Le journaliste demande alors à l'ancien maire de Levallois-Perret (Hauts-de-Seine) quel est son programme des jours à venir. *« Me reposer. Aller chez le coiffeur. Et me reposer »*, répond l'ex-député, très amaigri mais toujours coiffé d'une luxuriante chevelure poivre et sel, relevée vers l'arrière et avec quelques frisottis.

Du pain bénit pour le compte Instagram « Cheveux de riches » (CDR), qui s'est tout de suite emparé de la séquence. L'histoire de ce compte, suivi par 46 000 personnes, vaut le détour.

Tout commence en 2016, quand trois amis âgés de 28 à 30 ans (qui refusent de dévoiler leur identité), tous travaillant *« dans les affaires et l'entrepreneuriat »*, comme ils le déclarent à Konbini, décident pour s'amuser de lancer un groupe WhatsApp sur lequel ils postent des échantillons de « cheveux de riches ». C'est-à-dire des toisons d'hommes mûrs, abondantes, poivre et sel ou entièrement blanches, avec un mouvement vers l'arrière et un crantage (sortes de petites vagues) sur la nuque.

En 2017, le trio crée un groupe Facebook, ouvert au public, qui connaît rapidement un vif succès et totalise aujourd'hui plus de 175 000 abonnés. Là, le recensement est collaboratif. N'importe qui peut immortaliser ces « cheveux de riches », tant qu'on ne reconnaît pas les intéressés sur le cliché. Parfois, une légende hilarante accompagne la photo glanée au hasard, au détour d'une balade au bois de Boulogne, à Neuilly-sur-Seine ou à Biarritz.

Leur constat ? Les hommes riches arborent tous cette coupe de cheveux soignée et reconnaissable entre toutes. Quand on observe les styles capillaires de l'escroc Bernard Madoff, de l'ancien ministre Dominique de Ville-

pin, de l'écrivain Frédéric Beigbeder ou encore de people photographiés dans la tribune de Roland-Garros – garnie de beaux spécimens –, il faut reconnaître que leur théorie ne paraît pas si tirée par les cheveux.

Les rich kids of Instagram

Ces fils à papa vantards

« *Tu sais qui est mon père ?!* » hurle au videur un jeune homme en chemise violette, furieux d'avoir été recalé à l'entrée d'une boîte de nuit sélecte, dans une vidéo postée en octobre sur TikTok et vue plus de 20 millions de fois depuis. Le jet-setteur capricieux au fort accent français se réclamant de « *la famille la plus riche d'Europe* », les internautes en ont conclu un peu rapidement qu'il s'agissait d'Alexandre Arnault, le fils de 31 ans du patron de LVMH, qui, du coup, s'est fait rhabiller pour l'hiver pour pas un rond.

Ce canular a en fait été réalisé par le comédien belge Aris Yeager, 23 ans, plus connu sous le pseudonyme @theeuropeankid, et qui n'a aucun lien de parenté avec le milliardaire. Sur son compte TikTok suivi par plus d'un million de personnes, il incarne le personnage de Louis, caricature du gosse de riche par excellence. Son inspiration ? Les écoles privées internationales de Bruxelles qu'il a fréquentées pendant sa jeunesse.

Certaines des vidéos d'Aris Yeager sont également reprises sur le compte parodique « Rich Kids of the Internet » (@rkoi), créé en 2012 et baptisé à l'origine « Rich Kids of Instagram ». Derrière ces posts de bouteilles de champagne vidées dans la mer depuis un yacht, ou de jeunes femmes posant alanguies sur leur Lamborghini, se trouve un jeune homme à l'humour acéré, James Ison. Cet étudiant britannique en économie à la prestigieuse université anglaise d'Oxford est âgé de 19 ans quand, au début des années 2010, il tombe sur une photo de Zachary Dell, 15 ans, fils du magnat de l'informatique Michael Dell, en train de festoyer dans un jet privé à destination des îles Fidji.

James Ison, lui, aurait grandi dans un bungalow avec ses grands-parents à Leicester, partageant un lit superposé avec sa mère célibataire. Fasciné par la jeunesse dorée, il détourne la photo du jeune Zachary, qui devient virale. Et lance, dans la foulée, le compte Instagram @rkoi, au succès immédiat. Le *Washington Post* et le *Guardian* lui consacrent des articles en 2015 et d'autres comptes parodiques sur les *rich kids* émergent en Russie, en Turquie et même en Iran.

En 2020, James Ison et ses deux associés créent un service de conciergerie de luxe à destination des mêmes fils et filles à papa qu'ils brocardent sur le compte Instagram. Pour un trajet en jet privé par exemple, la société facture entre 2 000 et 10 000 euros, détaille à l'époque le jeune entrepreneur dans un article du *Times*. Comme quoi, les « gosses de riches » ne sont pas rancuniers, certains demandant même à avoir leur photo publiée sur @rkoi.

Mais pourquoi payer pour avoir accès aux mêmes services qu'offre Instagram gratuitement ? Pour le sentiment d'exclusivité, pardi ! Et la satisfaction de promouvoir un entre-soi inaccessible au commun des mortels. La devise des *rich kids* ? « *Être riche est ennuyeux si personne ne peut vous voir.* »

Il ne manquait plus que les animaux pour parfaire le tableau. Pour caricaturer le train de vie de ces jeunes privilégiés, le compte « Rich Dogs of Instagram » (20 000 abonnés) propose, lui, une sorte d'arche de Noé version bling-bling. On y voit un chien saucisse prendre un bain de soleil sur une oie gonflable dans la piscine d'une villa de luxe ; un bichon maltais, pattes sur le volant d'une Porsche ; ou encore l'équivalent d'une Paris Hilton ultramince avec lunettes branchées sur la truffe.

Quand la croisière s'amuse en ligne

Les riches adorent faire parler d'eux, qu'importe que ce soit en bien ou en mal. À travers plusieurs interviews que j'ai réalisées sur les fêtes démesurées des carrés VIP des boîtes parisiennes, dans les quartiers huppés, c'est un des premiers constats que j'ai faits. D'où l'explosion de comptes liés à l'opulence.

Après le succès du compte « Rich Kids of Instagram », et de toutes ces répliques internationales sur lesquelles les riches paient pour qu'une photo de leur vie flamboyante paraisse, un autre petit génie a flairé le filon. En 2016, le développeur slovaque Juraj Ivan lance l'application de partage de photos « The Rich Kids », réservée aux portefeuilles bien garnis, à 1 000 euros l'abonnement mensuel (« *Si c'est trop pour vous, ce n'est pas pour vous* », affiche, un brin provocateur, ce réseau social). Dans les deux cas, il s'agit de jouer sur l'envie de ces nantis d'être reconnus en ligne et socialement validés. Autant dans leur statut de privilégié que dans le sentiment d'exclusivité associé. Ici, ils assoient leur domination économique et sociale sur un réseau social très suivi par des homologues de leur caste, riches et influents. Tant pis s'ils sont moqués, l'essentiel est qu'ils soient vus et admirés dans leurs plus beaux apparats sur des yachts ou à des soirées très privées. Au-delà de la flagornerie, on peut imaginer que se joue aussi un peu de réseautage, d'alliance...

Pour le commun des mortels, ces sessions de masturbation intellectuelle, physique et matérielle peuvent paraître ridicules. Mais elles n'échappent pas aux internautes dont les vies sont bien plus banales. Sur le groupe Facebook Cheveux de riches, par exemple, le contributeur Clément poste la photo d'un homme d'un certain âge, royalement assis dans sa très belle voiture d'époque. En légende, il se fend la poire :

« Confortablement installé dans sa Mercedes 190 SL acquise lors d'une vente aux enchères de la maison Artcurial Motorcars du rond-point des Champs-Élysées, Gontran se sent revivre. Sa rencontre avec Tatiana, de quarante ans sa cadette, au gala de charité des salons Hoche lui fit tourner la tête. Lui qui habituellement ne sort qu'accompagné de son épouse de toujours, Philippine Heurard de Fontgalland, n'avait pas regretté ce soir-là de laisser sa chère et tendre en compagnie de leur progéniture, Domitille et Fouques. »

Rien ne permet de reconnaître l'homme en question, photographié de trois quarts arrière, si ce n'est la forme de sa chevelure, typique des « CDR ». On pourrait hurler à l'essentialisation capillaire, on préfère prendre tout ça au quinzième degré. En commentaires, les stéréotypes assignés aux classes supérieures – comme celui du « vieux beau » – pleuvent et font beaucoup rire les abonnés... Tous de mèche.

Dans la jungle des réseaux sociaux où chacun doit gonfler le biscoto, montrer son sac à main griffé ou nous plonger dans son dernier voyage à Saint-Martin en hôtel de luxe, chacun trouve son petit plaisir. Pour ces jeunes argentés, il s'agit d'être vus et d'inspirer, tel des comédiens. Et, pour ceux qui les observent d'en bas, de se payer la tête d'autrui avec une belle tranche de rire. Puisqu'une fois moqué en public, l'utilisateur nanti en question ressentira un sentiment de bonheur : « *T'es dans ta jalousie, j'suis dans mon jacuzzi* », ne peut-il s'empêcher de penser fièrement, en référence aux paroles de la chanson *Jalousie* de La Fouine.

La christian girl autumn

Cette entrepreneuse en feuilles mortes et chocolat chaud

Elle sort tout droit d'un de ces téléfilms américains qui envahissent les écrans dès le mois d'octobre. Grosse écharpe en laine, jean skinny, longs cheveux brun aux reflets miel ondulés, bottines UGG aux pieds, sac de luxe sous le bras et café fumant à la main, la *christian girl* est à l'automne ce que la citrouille est à Halloween. Elle est incarnée depuis cinq ans par Caitlin Covington, 33 ans, influenceuse mode et lifestyle américaine, 1,3 million d'abonnés sur Instagram, devenue le visage de la saison outre-Atlantique.

Dès le 26 septembre 2023, alors que les températures étaient dignes d'un mois d'août, cette trentenaire née dans l'État de Caroline du Nord s'est donc filmée en robe à rayures avec ses fameuses bottes marron, devant la porte de chez elle, déjà ornée de décorations d'Halloween. Sur TikTok, le #christiangirlautumn compte plus de 126 millions de vues. Impossible pour la reine des feuilles mortes de ne pas profiter de ce marronnier si lucratif qu'est devenue cette fête pourtant archipaïenne.

Tout a démarré pour cette blogueuse lorsqu'elle a posté, en 2019, une photo (prise en 2016 à Highlands [Caroline du Nord]) d'elle avec son amie Emily Gemma, toutes deux revêtues du fameux combo : écharpe, jean, bottines. Quelques jours plus tard, l'utilisatrice Isabella Markel, connue à l'époque sous l'alias @lasagnabby, reprend cette image et la tweete avec, en légende : « *Le Hot Girl Summer* [mantra incitant à l'amour de soi et à son propre plaisir estival, voir au chapitre 2] *touche à sa fin, soyez prêts pour la Christian Girl Autumn.* »

Le mème de la *christian girl autumn*, retweeté 12 000 fois en cinq jours, devient viral. En commentaire, les internautes moqueurs insinuent que Caitlin serait une républicaine coincée et raciste, sorte de karen 2.0.

Plutôt que de se vexer, l'influenceuse maligne joue alors de cette popularité, en y répondant par quatre clichés d'elle, tous plus stéréotypés les uns que les autres, l'air de dire « *oui, je suis la reine de l'automne* ». Précisant ensuite qu'elle n'est pas républicaine, qu'elle soutient Black Lives Matter ainsi que la communauté LGBTQIA+.

Depuis, chaque année, avant que le paysage rougisse, la *christian girl autumn* revêt ses tenues de saison et organise son shooting. En octobre, elle loue un SUV et parcourt les 1 400 kilomètres qui la séparent du Vermont, dans le nord-est des États-Unis, cadre idéal pour les images d'Épinal d'un nouveau style, avec ses rues jonchées de feuilles mortes, et toujours une église en fond.

Très axée sur la famille, cette chrétienne capture ces instants « privés » avec tous les membres de sa tribu, qu'elle habille dans les tons marron, rouge, et jaune orangé pour qu'ils soient raccord sur ses clichés Instagram.

Avec un esprit nourri par l'esthétique automnale, elle adore montrer à son public ses repas à base de cucurbitacées (butternut et autres courges), mixées en purée, pressées en jus ou simplement rôties au four. Et elle n'y va pas de main morte sur l'utilisation de filtres, histoire de faire ressortir toute la palette des couleurs chaudes.

Toujours un mug en main, l'impératrice de la citrouille attend chaque année avec impatience le retour du *pumpkin spice latte* (PSL pour les connaisseurs, à base de cannelle, noix de muscade et clous de girofle), le breuvage culte de Starbucks depuis vingt ans. Sur TikTok, les blagues fusent sur les employés de la célèbre chaîne, levant les yeux au ciel dès qu'ils voient une femme au look automnal leur commander cette boisson pour la énième fois.

Chapitre 2

Sex and the City

(pour de vrai)

Le désengagement dans l'amour romantique

Récemment, j'ai commencé à regarder avec plus de vingt ans de retard la série à succès *Sex and the City*, mais j'avais une bonne raison, je n'étais pas encore née quand elle a commencé à envahir les petits écrans du monde entier. Je suis donc depuis quelques mois les aventures affectives de Carrie Bradshaw et de son groupe de copines. Au début, je dois avouer que j'ai eu du mal à accrocher à la série, je trouvais que la trame narrative de cette bande était complètement esclave des relations affectives. Entre Charlotte qui rêve de se trouver un mari, la sarcastique Miranda qui place son travail avant tout, la sulfureuse Samantha adepte des coups d'un soir et la fille « normale », Carrie, désireuse simplement de vivre une belle histoire d'amour, je trouvais que ces représentations étaient caricaturales. Puis, au fur et à mesure, je me suis prise au jeu, à tel point que je dévore chaque soir avant de me coucher deux épisodes. Peut-être est-ce dû au fait que je m'identifie à la narratrice Carrie, qui tient une chronique sur la sexualité au *New York Star*. Mais je pense surtout être fascinée par l'évolution des rapports amoureux et affectifs de la fin des années 90 à nos jours.

Comme on le décèle dans la série, depuis quelques décennies, les sociétés occidentales se désinvestissent progressivement de l'amour romantique « pour toujours et à jamais » hérité de la religion. La prolifération du développement personnel, du bien-être et la montée de l'individualisme ne sont pas étrangers à ce phénomène de désengagement.

Dans son essai *À propos d'amour* (2000 ; trad. Éditions Divergences, 2022), bell hooks relevait déjà que dans nos relations amoureuses, nous avons de plus en plus tendance à être démissionnaires à la moindre difficulté.

« Lorsque nous sommes confrontés à la souffrance au sein de nos relations, notre première réaction est souvent de rompre nos liens plutôt que de maintenir notre engagement », écrit-elle. À cela s'ajoute le fait que, depuis des dizaines d'années maintenant, nous vivons dans une culture individualiste où notre petit confort personnel et notre bien-être priment le reste.

Quelques chiffres illustrent cette tendance. Pour commencer, on se marie moins que nos ancêtres. Pour cause, le mariage est en déclin depuis les années 70. À l'époque, on célébrait 400 000 unions par an. Désormais, l'« allongement de la jeunesse » fait que l'on quitte les études et que l'on trouve un premier emploi plus tardivement. De même pour la première cohabitation conjugale et l'arrivée du premier enfant. De plus, l'autonomie croissante des femmes et l'envie d'expérimenter des jeunes font que le mariage est moins considéré comme une étape obligatoire pour affirmer son couple. Depuis le Covid, les reports de mariage font que le taux de nuptialité est en hausse, inversant ainsi la tendance à la baisse depuis plusieurs années. En 2023 comme en 2022, en France, plus de 480 000 personnes se sont dit oui devant le maire selon l'Insee. En 2024, nous nous marions aussi de plus en plus tard : 37,3 ans en moyenne pour les femmes et 39,8 ans pour les hommes, contre 34 ans pour les femmes et 37 ans pour les hommes en 2012. En parallèle de ces 242 000 unions, il y a eu 210 000 pactes civils de solidarité (Pacs) conclus en 2022. Presque autant, pour une forme d'engagement moins contraignante et plus simple à briser (et surtout moins coûteuse). Dans le même temps, les divorces restent stables. En 2023, selon les statistiques du ministère de la Justice, il y a eu 120 000 divorces. Environ 75 % d'entre eux sont demandés par des femmes qui évoquent le plus souvent la charge mentale.

Les femmes étant de plus en plus éduquées et émancipées, elles sont loin d'être étrangères à ce phénomène de désengagement. Avec la popularisation du féminisme et les réflexions sur les façons de faire couple, de faire famille, de nouveaux modèles émergent, comme le couple libre, et contribuent à donner au couple une place moins centrale que ce qui était inculqué. Cependant, les pratiques telles que le couple libre restent plutôt minoritaires, tempère la doctorante en sociologie Malena Lapine, qui travaille sur les évolutions du couple. Si le chiffre est encore imprécis, elle estime que moins de 3 % à 4 % des 18-29 ans sont en relation libre. À cela s'ajoutent le polyamour, la décohabitation des couples qui vivent chacun chez soi, le développement de la coparentalité où l'on fait un enfant sans être ensemble... Bref, le cadre est plus souple, moins formel et ouvre le champ des possibles, comme le révèle l'enquête « Couples, histoires d'un soir, "sexfriends" : diversité des relations intimes des moins de 30 ans » de l'Ined (Institut national d'études démographiques), parue en juin 2024. Plutôt que de s'installer, les jeunes sont davantage dans une « jeunesse sexuelle », c'est-à-dire que la vingtaine est devenue une période d'expérimentation relationnelle. *« À cet âge-là, la conjugalité repose surtout sur un attachement d'ordre sentimental, sans doute car les engagements matériels et institutionnels sont moindres »*, lit-on dans le rapport.

Désormais, nous faisons moins d'enfants. Enfin, quand on en fait, puisque le taux de natalité n'a jamais été aussi bas depuis la Seconde Guerre mondiale, d'où le *« réarmement démographique »* souhaité par le président Emmanuel Macron. Le but ? Éviter la décroissance de la population à terme, menace croissante dans le monde entier. Deux tiers de la population mondiale vit sous le seuil de renouvellement des générations, toujours selon l'Ined. Même les zones de forte fécondité ont quasiment toutes entamé leur baisse.

En 2023, 678 000 bébés sont nés en France. C'est 6,6 % de moins qu'en 2022 et près de 20 % de moins qu'en 2010, année du dernier pic de naissances. La famille nombreuse est une espèce menacée. Dans les années 80, les familles composées d'au moins trois enfants âgés de 0 à 24 ans étaient 23 %, selon l'Insee. En 2019, plus de trente ans après, cette proportion est tombée à 18 %. Notons tout de même que ce taux s'est stabilisé ces dernières années. À l'inverse, les familles composées d'un ou deux enfants augmentent.

De plus en plus de femmes remettent la maternité en question. Désormais, procréer n'est plus une évidence. Alors, quand un gynécologue à quelques semaines du départ à la retraite nous parle de notre future grossesse, on ne peut s'empêcher de rouler des yeux et de penser très fort : *« OK boomer ! »*

Récemment, après le phénomène de la *« Great Resignation »* (« grande démission » en français) qui a eu lieu aux États-Unis, on a transposé le terme de *« quiet quitting »*, cette démission silencieuse consistant à en faire le moins possible, sur le registre amoureux, selon *Psychology Today*. Il s'agit d'un désinvestissement progressif de la relation. Autant en termes de temps, d'attention que d'intérêt porté à l'autre. Eh oui, à quoi bon s'investir si on sait qu'on peut trouver mieux ailleurs ? Qu'on ne veut pas perdre sa liberté ? Que l'on veut expérimenter cette fameuse « jeunesse sexuelle » ?

Pourtant, dans le même temps, l'idéal de vie féminin que l'on voit sur les réseaux sociaux reste le modèle classique : avoir un conjoint tend à apporter une sorte de valeur ajoutée à la protagoniste en ligne. Sur Instagram par exemple, j'ai remarqué que, peu importe que je sois avec mon ex ou mon conjoint actuel, ces clichés idylliques de deux amoureux en train de roucouler étaient ceux qui cassaient littéralement la baraque à chaque fois, engrangeant le plus de j'aime. Une vieille recette reprise dans les émissions de téléréalité, où les productions font en sorte d'amener des couples ou d'en créer sur place, comme dans « Secret Story » avec les fameux secrets « nous sommes un faux couple ». Le gagnant de l'édition de 2024, Alexis André Jr, s'est d'ailleurs mis en couple avec une autre candidate de l'émission, Zoé Brunet. Bref, des injonctions contradictoires qui racontent tout et son contraire. Un peu comme on le voit dans la bande de copines de Carrie Bradshaw, où elle promeut dans le dernier épisode la « sologamie », soit le fait de se choisir soi, et d'ériger l'amitié comme pierre angulaire dans leurs vies bien mouvementées.

Les living together apart

En couple chacun chez soi

« *Vivre en couple non cohabitant a drastiquement changé ma vie (...). Vous allez à un rendez-vous professionnel, filez dormir chez l'autre, puis, le lendemain, vous rentrez chez vous* », confie face caméra, en vidéo TikTok, l'Américaine Joanna Dahlseid (182 000 abonnés), 40 ans, dont le leitmotiv est faire passer « *l'argent avant les hommes* », comme l'annonce son programme de vie (*Money Before Men*). Puis, cette « mompreneuse » – mère de famille et cheffe d'entreprise – déroule son agenda ultradense de coach négociatrice de divorces, comme pour prouver qu'elle n'a pas de temps à consacrer à son conjoint et le mettre en garde. Néanmoins, il lui arrive régulièrement de préparer une petite valise pour aller le voir, au gré de ses envies. Bienvenue chez les *living together apart* (LTA, « couples non cohabitants »).

Dans les médias américains, l'expression avait au départ un sens très différent. En 2008, après la crise des subprimes, elle désignait les parents séparés qui se voyaient dans l'obligation de continuer à vivre sous le même toit, faute de pouvoir faire autrement financièrement.

Plus récemment, le terme a évolué, pour définir un couple qui ne paie pas de factures communes, résultat de l'essor du développement personnel et de l'individualisme, de l'émancipation féminine et de la libération des mœurs. Selon l'étude « La famille à distance » de l'Ined, publiée en 2018, plus de 1,2 million de Français vivraient ainsi. Parmi eux, 6 sur 10 ont moins de 35 ans.

Souvent composé de jeunes urbains très diplômés, ce couple généralement sans enfants a la plupart du temps vécu, lors d'une précédente relation, une séparation tumultueuse ponctuée par un déménagement au goût amer. Alors, quand ces tourtereaux convolent de nouveau, ils se tiennent à bonne distance de ce potentiel trauma, ne s'engagent pas trop et tentent de partager seulement les « bons moments » (pour la corvée de sortie des poubelles et la gastro en sonovision, vous repasserez).

Avec une topographie fluctuante (chez elle ou chez lui, c'est selon), ce couple s'éloigne des conventions. Or l'habitat partagé en est la principale, avec ses tracas quotidiens traduits par les phrases commençant par « *Tu as pensé à... ?* ».

Finies les soirées où, affalées sur le canapé, deux paires d'oreilles tressaillent quand retentit le trop célèbre « tou-doum » de Netflix. Pourquoi perdre encore quarante minutes à s'accorder sur un film tiède à regarder ensemble, fruit d'un compromis insatisfaisant, ou se coltiner un énième Marvel quand on peut comater devant un nouveau drame en pyjama pilou-pilou seule à la maison ?

Pour enfin être en paix avec lui et les autres, le LTA a bien compris qu'il valait mieux avoir son propre nid. C'est ce que les membres de ce couple à géographie variable s'évertuent à crier sur tous les toits, car le fait de vivre ensemble séparément, plus qu'une simple astuce, est une véritable identité revendiquée.

Sur TikTok, à travers #livingaparttogether (31,3 millions de vues), les couples témoignent de ce qu'ils auraient gagné grâce à ce mode de vie semblant cumuler tous les avantages : liberté préservée et désir sauvegardé. « *Dites au revoir à l'étouffement !* » comme le revendique la tiktokeuse Joanna. Et à la routine. Encore faut-il avoir le portefeuille assez garni pour se permettre de faire chambre et maison à part.

Le red flag

Ce drapeau rouge à fuir dans les relations amoureuses

Une scène digne d'une caméra cachée. Sur la ligne 5 du métro parisien, depuis gare de l'Est pour arriver à Pantin, en Seine-Saint-Denis, la voix forte d'un homme proche de moi me fait sursauter. Visiblement, il s'emboucane au téléphone, comme dirait un Marseillais. « *Je vais te monter en l'air !* » menace-t-il, peu soucieux des regards circonspects autour de lui.

Je comprends rapidement qu'au bout du fil se trouve sa petite amie, à qui il sert un vocabulaire plus que fleuri pour justifier ses infidélités. « *La dernière fois, j'avais des hormones, alors je l'ai baisée, cette chienne. Les autres, c'est toutes des putes. Mais toi, t'es une reine. Et une reine, elle patiente et elle prend sur elle.* » Évidemment.

Avant de conclure par : « *J'ai déjà battu le démon de la violence, il ne me reste plus qu'à vaincre celui du sexe. Ne t'inquiète pas, je suis un homme, j'ai des besoins et je suis encore jeune. Mais dans dix ou vingt ans, j'arrêterai.* » Alors que je l'écoute se vanter de ses performances et que j'ai un fou rire nerveux que je tente de cacher – comme les autres passagers du wagon –, je ne peux m'empêcher de penser à sa dulcinée. Comment peut-elle rester au téléphone avec lui ? Comment est-ce possible d'être aussi aveugle face à de telles alertes rouges ? Est-elle victime de violences conjugales ?

Cet homme est ce qu'on appelle un *red flag* ambulant, soit un « drapeau rouge », en bon français. Le terme caractérise sans distinction un homme ou une femme qui émet des signaux disqualifiants dès le début d'une rencontre amoureuse, que ce soit par le comportement ou par un trait de personnalité qu'on devine vite toxique.

Historiquement, cette expression nous vient du jargon militaire. Les forces armées plantent un drapeau pourpre pour exprimer un potentiel danger, et donc inciter à prendre ses précautions. Comme à la plage, où ces petits bouts de tissu carmin nous empêchent d'aller à la baignade. Même dans nos boites mail, le filtre antispam l'utilise comme signalement.

En 2021, le compte officiel de Twitter (désormais X) poste le message : « *I'm not on Twitter* » (« je ne suis pas sur Twitter »), accompagné de vingt drapeaux rouges, histoire de bien souligner que vous tenir à distance d'un réseau social si indispensable fait de vous quelqu'un de résolument hors course. Deux jours plus tard, le compte du Bescherelle écrit : « *Au jour d'aujourd'hui* » avec dix étendards, pour souligner la faute de langue. Depuis ce moment-là, dès qu'un utilisateur tweete une chose perçue comme problématique, il récolte des tonnes de bannières écarlates.

Sur TikTok, le #redflags compte à ce jour 10,4 milliards de vues. Par extension, des tiktokeurs du monde entier s'emparent de cette tendance pour mettre en scène les comportements à éviter, voire à fuir d'urgence, chez un potentiel partenaire de vie. Des *red flags* en chair et en os, les applications de rencontre comme Tinder en regorgent. C'est, par exemple, cette femme qui, à l'occasion d'un *date*, passe son temps à ressasser sa relation tumultueuse avec son ex. Il s'agit aussi de cet homme qui aura oublié son portefeuille au moment de payer, dans un restaurant peu abordable, qu'il avait pourtant lui-même choisi avec soin. Ou encore de ce coq incapable de ne pas se lancer dans un duel de regards quand un autre homme a l'outrecuidance de poser les yeux sur sa donzelle. Et de cet homme qui n'a encore jamais vécu de vraie relation de couple à 35 ans passés (tapez « appel à un ami » et fuyez, mesdames !). Bref, un drapeau qu'on se passerait bien de collectionner... mais qu'on possède tous un peu aussi.

Le hot boy summer

Ne perd pas le nord avant l'été

Quand il arrive sur le littoral espagnol de la Costa Brava, en vacances avec ses copains, le *hot boy summer* a l'esprit léger. Pour cause, tel Cédric Doumbé en combat de MMA face à Baysangur « Baki » Chamsoudinov, il vient de se libérer d'une grosse épine qu'il avait au pied en redevenant célibataire. Parce que, vous comprenez, il avait « besoin de faire une pause » dans son couple aux alentours de juillet-août. Dans sa meute, nombreux sont ceux qui ont déjà pris la même décision drastique quelques jours plus tôt ; lui n'a fait que suivre le mouvement. D'où l'hécatombe de tandems à ce moment-là.

Renvoyant à une masculinité redéfinie par l'été, ce terme s'inspire du « *Hot Girl Summer* », lancé par les rappeuses Megan Thee Stallion et Nicki Minaj en 2019 dans leur chanson éponyme, où l'on voit des femmes twerker et s'assumer pleinement avec une sorte de joie solaire et libératoire. Une ode à l'amour de soi et à l'amitié que le magazine *Forbes* considère comme l'une des revendications d'indépendance des femmes les plus emblématiques de la décennie. Rapidement, l'expression devient virale sur les réseaux sociaux (3 milliards de vues sur TikTok) et finit par contaminer l'autre genre, en prenant un sens un peu différent.

Moins populaire, avec seulement 300 millions de vues sur TikTok, le #HotBoySummer se réfère aux hommes ayant à cœur de vivre leur « meilleure vie » pendant la pause estivale. Comprendre : être au sommet de leur forme, faire la fête entre amis et papillonner sous le soleil brûlant, la peau chocolatée par les UV. *Why not*, me direz-vous ? Sauf que la dulcinée est la victime collatérale de cet hédonisme dicté par la hausse des températures. Quand la *hot boy summer* ne fait souvent que fantasmer son célibat (en réalité, elle semble adorer la vie de couple qu'elle romantise à merci), son homologue masculin, lui, passe à l'acte. Il faut dire que son plan a été longuement mûri.

Depuis des mois, le *hot boy* prépare sa silhouette athlétique dans le secret d'une salle de crossfit en pensant à ce jour où il pourra roucouler avec de belles inconnues sur la plage et afficher ses abdos six pack sous sa chemise de lin transparente. Sur ses stories Instagram, on le voit d'ailleurs avec son groupe d'amis autour d'une table qu'ils ont « posée ». Comprendre : ils ont payé cinq fois le prix normal d'une bouteille de vodka Grey Goose pour pouvoir prendre une photo dans le carré VIP de la boîte, accompagnés de quelques jolis oiseaux de nuit. Entre affichage un peu lamentable et bovarysme masculin, le *hot boy summer* est aussi « chaud » – et lourd – que les churros vendus en bouquet l'été sur la plage.

Une fois rentré de vacances, un peu avant septembre, il fera vibrer le téléphone de celle dont il a brisé le cœur quelques mois plus tôt (« *Tu es la femme de ma vie, bébé. Viens, on réessaie, tu me manques* »). Avec son air de chien battu, le museau tout chaud et le regard intéressé, il s'excusera et lui dira qu'il a changé. Jusqu'à l'été suivant.

Le charo

Ce dragueur invétéré expert en tromperie

« *Jamais je ne sortirai avec lui, le mec est un gros charo* » est une phrase que vous avez peut-être déjà entendue, pour désigner un homme prêt à tout pour obtenir des relations sexuelles, y compris à promettre monts et merveilles à sa dulcinée. Également appelé « chien de la casse » ou « mec en chien » par les jeunes, le charo est une espèce extrêmement répandue que, mesdames, vous trouverez aussi bien en glissant dans vos DM Instagram qu'en prenant votre RER. Mais, deux secondes après votre passage, il aura déjà des vues sur une autre donzelle. Ce qu'il privilégie ? La quantité.

Diminutif du terme « charognard », ce nom est, vous l'aurez compris, plutôt péjoratif. Issu de l'argot de la rue, il définit un homme à femmes, incapable de résister à l'appel d'une belle dame et ce, même s'il en a déjà une à la maison ! Sur les réseaux sociaux, le charo n'hésite pas à commenter les photos de celles qui lui font de l'œil, à les complimenter. Puis, extrêmement tenace, cet expert en art de la relance sait montrer sa détermination à atteindre ses cibles.

Ne parlons pas des applications de rencontre comme Tinder ou Fruitz, sur lesquelles le charo et ses nombreux confrères sévissent. Parfois en faisant semblant d'être intéressé par une relation sérieuse, dans l'objectif de picorer partout où son bec courbé pourra s'immiscer. En bref, c'est ce mec qu'on aime éventuellement avoir comme pote, mais avec qui on ne voudrait sortir pour rien au monde.

Pour revenir aux origines, le terme émerge en 2015. « *Paris Saint-Germain, Matuidi Charo/Attaquant, défense, Matuidi Charo* », scande le tout jeune rappeur Niska, alors 21 ans, dans la chanson *Freestyle PSG*. Sur YouTube, le clip cumule plus de 100 millions de vues.

Les paroles de ce hit incontournable, issu de son premier album *Charo Life*, ambiancent les boîtes de nuit. Dans cet hommage rendu à l'ancien milieu de terrain du PSG Blaise Matuidi, Niska évoque notamment la « danse du charo », inspirée du mouvement d'ailes d'un vautour quand il s'attaque à une proie, que le joueur avait l'habitude de réaliser après chaque but. Depuis, ce pas de danse est tout simplement devenu le « Matuidi Charo ».

Grâce au succès commercial de l'album du rappeur de l'Essonne (75 000 ventes) et ex-conjoint d'Aya Nakamura, le terme de « charo » explose et prend ensuite une nouvelle connotation, un peu moins répandue auprès du grand public. En étant associé à l'ex-international de l'équipe de France, le charo peut aussi désigner une personne ambitieuse, carriériste, déterminée et persévérante, prête à tout pour réussir, impitoyable avec ses adversaires. Méfiez-vous : il ira danser le « Matuidi Charo » sur votre tombe.

Le fuckboy

Don Juan de l'ère Instagram

On a longtemps entendu parler à tort et à travers du fameux pervers narcissique. Chez les jeunes, un autre archétype l'a désormais éclipsé : le *fuckboy* ; un jeune homme plutôt séduisant, habillé à la mode, soigné, sûr que ses charmes séduisent la gent féminine, ce dont il profite pleinement pour multiplier les relations charnelles sans lendemain.

Si l'apparition de l'expression est difficile à dater, certains expliquent qu'elle serait une insulte homophobe issue de la communauté noire. Selon le journaliste américain Pete Earley, dans *The Hot House. Life Inside Leavenworth Prison* (Bantam Books, 1992, non traduit), elle vient du jargon pénitentiaire et qualifie *« un prisonnier qui n'est pas homosexuel mais est forcé à se prostituer par un maquereau »*. Avec la popularité du hip-hop dans les années 2000 et l'avènement des réseaux sociaux à partir de la décennie suivante, il prend une nouvelle connotation de beau parleur à la masculinité toxique.

Cet archétype s'inscrit dans ce qu'on appelle la *hookup culture*, c'est-à-dire la culture de l'hyperconsommation du sexe d'une nuit. C'est grâce aux applications de rencontre que le terme se diffuse largement. Loin d'être un juron, ce qualificatif est très valorisé par les hommes comme par les femmes (dont les équivalents sont tout de suite moins sympas !).

Le *fuckboy* a toujours un coup d'avance sur tout, y compris sur les tendances. Par exemple, il était l'un des premiers hommes à porter un collier de coquillages ou de perles autour du cou. Toujours chaussé de la dernière paire de sneakers en vogue, il a un style reconnaissable entre mille. Jean ample, sweat large, cheveux mi-longs en arrière avec *curly hair* (qu'il dit naturels alors qu'on sait tous que c'est une permanente), il adore le rap mainstream. Mais aussi l'univers des skateurs – alors qu'il n'a sans doute jamais touché à une planche –, ce qu'il fait savoir en dépensant des sommes mirobolantes en vêtements siglés Thrasher, Champion, Fila... Pour renforcer sa coolitude, il raccourcit son prénom et demande qu'on l'appelle Ben, Tom ou Alex.

KLEIN CALVINKLEIN CALV

Très connecté, il vous dira pourtant sans honte qu'il n'a « *plus eu de batterie pendant trois jours* » ou que son « *téléphone buggait* » – alors qu'il est aussi connecté à son téléphone qu'une influenceuse –, l'empêchant ainsi d'annuler le rendez-vous auquel vous êtes arrivée pomponnée et dont vous êtes repartie seule et humiliée.

Ce bel adonis est tellement passionné par son image qu'il pourrait aisément passer pour un créateur de contenus. En effet, il se photographie sous tous les angles à chaque instant de sa vie (sorties, fêtes, amis...) et poste évidemment ses selfies – toujours avec le même air blasé. Vous ne comprenez pas pourquoi il ne met jamais de photos de vous sur son profil Instagram. Pour vous rassurer, il répond du tac au tac que les gens qui affichent leur couple sont ridicules (et toc !), qu'il préfère privilégier votre intimité à deux. Très mignon. Surtout quand vous découvrez plus tard qu'il passe ses journées sur l'application à faire défiler des photos de jeunes vénus en maillot de bain, qu'il va ensuite commenter. Ou, s'il est plus rodé, à qui il envoie un DM, un message privé, pour éviter de laisser des traces...

Frileux à l'idée que vous touchiez à son téléphone, cet adepte de nouvelles technologies possède un rayon d'applications masquées, non présentes sur son écran d'accueil. Si vous jetez un œil au bon endroit, vous tombez sur un célèbre logo, avec une flamme blanche sur fond rose. Tiens tiens, que fait Tinder ici ?

Vous ne l'intéressez pas tant que ça. Il vous écoute à moitié, les yeux rivés sur le nombre de vues qu'ont fait ses stories. Jusqu'à ce qu'il sente que ce qui était acquis s'éloigne. Dans ce cas, le don Juan vous matraque de marques d'affection (ce qu'on appelle le *love bombing*), histoire de vous faire retomber dans ses filets. Puis, après avoir mordu à l'hameçon, quand vous lui demandez « *On est quoi, maintenant ?* », il noie le poisson en sortant l'équivalent de sa carte « + 4 » au Uno : « *J'ai eu une enfance difficile, je suis pas prêt à prendre de décision.* » De quoi titiller votre syndrome de l'infirmière et vous remettre dans une *situationship* de taille, peu à votre avantage.

Le mouchoir qu'on jette

Quand on vient de sortir d'une relation amoureuse longue, qui s'est conclue par une rupture douloureuse, rien de mieux que de filer sur les applications de rencontre histoire de se remonter le moral. Et surtout, de booster un ego laissé en friche. Enfin, quand on est une femme.

D'après une enquête parue dans *Le Monde* en 2019, basée sur une vaste analyse de données, sur Tinder, le taux moyen de matchs dans une relation hétérosexuelle est de 50 % pour une femme. Mais seulement de 2 % pour un homme. De ce fait, ils sont contraints de payer un abonnement pour mettre en avant leur profil sur l'application afin d'augmenter leurs chances d'obtenir ce Graal qu'est la validation féminine sur ces applications. C'est pour cette raison que beaucoup d'hommes ressentent de la frustration envers la gent féminine (voir chapitre 5), mais ça, c'est une autre histoire.

Ces chiffres dévoilant le succès des femmes sur l'application sont tout à fait perceptibles quand on demande au hasard à l'une d'entre elles comment ça se passe sur Tinder. Toutes diront qu'elles profitent de ce rapport de force sur le marché du *dating* pour être d'autant plus difficiles – pour une fois qu'on peut se le permettre !

Pour preuve, à chaque fois qu'on ouvre l'application, d'un coup parviennent de nouveaux matchs. Comme je l'expliquais à des copains éternellement célibataires, abonnés de longue date à la formule premium de Tinder, quand j'étais célibataire, dès que je me rendais sur l'appli, j'avais pour habitude d'oublier la dernière brochette de têtes filtrées et mises à leur avantage, pour en accueillir une nouvelle salve. De celle-ci, je gardais les deux ou trois profils qui sortaient du lot. Puis rebelote le lendemain. Si ces gentils petits minois avaient l'air plutôt sympathique, j'en étais arrivée à les percevoir presque comme des produits, que je jugeais en tant que consommatrice selon leurs atouts. *« Ah, il est journaliste ! Génial, c'est le métier que je veux faire aussi »*, me disais-je, à 23 ans, alors que je n'avais encore absolument aucun pied dans le domaine, en pensant pouvoir mêler drague, réseautage et offre de stage.

Dans son essai *Les Nouvelles Lois de l'amour. Sexualité, couple et rencontres au temps du numérique* (La Découverte, 2019), la sociologue d'origine suédoise Marie Bergström, chercheuse à l'Ined, fonde son analyse sur des données numériques massives dans le domaine amoureux. À cause de la privatisation de la rencontre hors des cadres de sociabilité classique (comme le travail, les études) que permettent les sites et applications de rencontre, elle observe une marchandisation croissante des relations humaines et des rapports affectifs, où il y a des gagnants et des perdants, ce qui mène à une « inégalité contemporaine » face à la rencontre. Quasiment exclus d'office des sites de rencontre, certains groupes d'individus font face à des problèmes pour accéder à cette fameuse rencontre, comme les jeunes hommes ainsi que les femmes de plus de 40 ans – *« toujours considérées comme plus vieilles que les hommes du même âge »*. Sur Tinder, dont la cible est plus jeune, ceux qui trinquent sont donc plutôt les hommes.

Si beaucoup témoignent avoir vécu le phénomène de la fatigue des rendez-vous amoureux, analysé par Judith Duportail dans son essai *Dating fatigue : Amours et solitude dans les années (20)20* (L'Observatoire, 2021), ce n'est pas mon cas. Tout simplement parce que je ne suis pas restée très longtemps sur l'application. Et qu'avant d'y rencontrer mon conjoint actuel, je n'avais pris le temps de faire la connaissance que d'un seul homme, que j'ai « friendzoné » (c'est-à-dire relégué directement au simple rang d'ami) dès que je suis sortie de la station du métro à cause de sa petite taille (stéréotype de genre, quand tu nous rattrapes !). Avec le recul, je réalise que je n'étais probablement pas la seule à avoir fait cela : quand je lui ai annoncé que je ne souhaitais pas le revoir « de cette façon », il a tout de suite compris. Malheureusement, je suis persuadée que s'il avait été plus grand, il aurait probablement trouvé chaussure à son pied depuis longtemps, puisque sa stature était honnêtement la seule ombre au tableau. Une situation plutôt cruelle, même.

Pour ma part, je suis tellement heureuse avec mon conjoint que je ne peux m'empêcher de lier cette rencontre hasardeuse à l'algorithme de Tinder. Sans ce mécanisme bien huilé, jamais je ne serais tombée sur cette personne, étant donné que nous n'avions aucun cercle en commun, que nous vivions à 55 minutes l'un de l'autre et que nous ne fréquentions pas tellement les mêmes endroits. J'ai donc tendance à conseiller ces applications.

Mais je comprends tout à fait que beaucoup aient une mauvaise expérience de ces quasi-réseaux sociaux, tant leur passage devient parfois infini. Plusieurs de mes amis éprouvent cette sensation de perdre leur temps, de chercher des phrases d'accroche pour lancer une conversation pas trop bateau ni gênante. Parfois, quand l'un d'eux me montre fièrement les dernières filles qu'il a « matchées », j'avoue que même moi, je ressens une forme de lassitude. Se confondent alors les visages des filles, leurs origines, leur travail (ou leurs études). Je ne sais plus sur laquelle il a eu un gros *crush.* D'autant que lui a l'air aussi motivé qu'un ballon dégonflé, en fin de fête foraine. Même quand il arrive à l'étape du rendez-vous et que ça se passe bien, il a l'air de s'en ficher. Tant pis si la jeune femme l'invite à monter chez elle pour *« prendre un dernier verre ».* Lui n'en voit pas l'intérêt. Comme d'autres copains de ce groupe, Paul ne veut pas de coup d'un soir, ni d'une relation dénichée à la va-vite. Dans cette bande d'hommes de 26 ans, tous veulent se maquer. Et pas avec n'importe qui. Chacun veut trouver LA petite copine de ses rêves. Celle avec qui ils partageront leur vie. Lorsque je m'en suis rendu compte, j'avoue avoir été étonnée. Tiens tiens, bizarre. Aux oubliettes, le cliché du mec coureur de jupons, qui fait tout pour éviter de se caser dans un couple monogame ? Pas tout à fait...

D'après l'enquête de l'Ined « Couples, histoires d'un soir, "sexfriends" : diversité des relations intimes des moins de 30 ans » déjà citée auparavant, les applications de rencontre sont devenues un mode de rencontre important sans être le plus courant, contrairement à ce que suggèrent certains discours. Pour cause, les relations qui s'y engagent sont plus souvent passagères : 16 % des répondant·es ont rencontré leur *sexfriend,* leur « plan cul régulier » ou un autre partenaire de ce type, via une application. Réunissant de nombreux jeunes et autorisant une certaine discrétion, ces plateformes sont fortement associées aux rencontres « sans lendemain », sans pour autant s'y limiter. Les lieux d'études ou de travail sont les premiers lieux de rencontre (46 %), lit-on dans le rapport, suivis des lieux publics (21 %), tandis que les applications de rencontre occupent une place très secondaire (5 %). Mais elles restent le choix privilégié pour les timides !

Quand Instagram sème la zizanie dans les couples

Quel beau réseau social est devenu Instagram ! Cet outil de partage de photos et de communication, devenu incontournable dans les années 2010, a encore une belle vie devant lui. Il permet de montrer ses joies comme ses peines (plutôt le bon quand même, le reste, c'est pour TikTok). Mais aussi d'être créatif, de diffuser des idées, de militer. Plein de bonnes choses... si ce n'est pour les couples.

Depuis quelques années, je ne compte plus les discussions entre amies à ce sujet-là. L'une d'entre elles, Charlotte, me disait à quel point ça la blessait que son copain suive des femmes – célèbres comme inconnues – plutôt jolies et sexy sur les réseaux sociaux. Quand elle fait défiler son fil d'actualité, son cœur se serre dès qu'elle voit que son jules a aimé la photo d'une top-modèle en vogue, dans une posture plutôt lascive, à la limite du *nude*, ces photos érotiques. Malgré toute sa bonne volonté pour calmer ses pulsions de jalousie, elle ne peut s'empêcher de se comparer à la célébrité. Et de voir dans l'action de liker sa publication une forme de tromperie.

Au début, elle prend sur elle pour ne pas avoir l'air possessive. Jusqu'à ce qu'elle découvre qu'il est abonné à des profils Instagram de femmes qu'il avait grappillés lors de son long passage sur Tinder. Là, c'en est trop. Encore plus quand elle remarque qu'il commente les photos par un smiley en sueur et un émoticone d'une flamme. Ou qu'il glisse dans les DM (messages privés) de la personne. À ce moment-là, dans un couple « fermé », c'est-à-dire non ouvert aux rencontres affectives, son conjoint a-t-il franchi la ligne rouge ? Est-on dans une forme d'infidélité ?

À cette question, je n'ai pas de réponse. Chacun jugera en fonction de ses besoins. Ce témoignage est l'un de ceux que j'ai choisis à travers beaucoup d'autres pour illustrer comment Instagram, cette application de photos et de vidéos où l'on montre sa meilleure version de soi, peut causer du grabuge dans les couples hétérosexuels, surtout du côté féminin. Quel que soit l'impact du comportement masculin critiqué ici, je trouve qu'il est intéressant de regarder plutôt ce que cette application fait à la santé mentale des femmes pour comprendre leur réaction. D'après les multiples études, disons que scroller indéfiniment et tomber sur des profils de femmes à la plastique parfaite est loin de leur faire du bien. D'autant plus quand elles sont en construction.

Le rapport de l'Unesco « Les technologies dans l'éducation : les filles aux commandes », paru en avril 2024, alerte sur l'influence des contenus générés par les algorithmes et basés sur l'image, qui exposent les filles à des contenus à caractère sexuel ou faisant la promotion de comportements malsains ou de standards de beauté irréalistes. Cette surexposition peut avoir des effets néfastes sur l'estime de soi et la perception du corps. Ce qui se répercute ensuite sur la santé mentale et le bien-être des filles.

Dans l'article « Instagram a-t-il ruiné la monogamie ? » publié par *Vice* en 2021, la journaliste Estel Plagué se demande si, avec un tel outil en poche, nous ne serions pas condamnés à nous voir remplacé dans la vie de notre partenaire. Ou, à l'inverse, à nous imaginer que l'herbe est plus verte ailleurs à la moindre difficulté. Pour le sociologue Gérard Neyrand, spécialisé dans l'étude des relations privées, ces comportements de chasseur en ligne découlent du néolibéralisme et de ce rapport à la consommation dans les relations entre les personnes. Sans oublier que le déboulonnement du couple traditionnel est en cours, avec des nouveaux modes de relation en vogue tels que le polyamour ou le couple libre. « *Instagram, ça va venir exacerber une logique qui est déjà en place depuis 50 ans. Les années 70 sont quand même des années dites de libération sexuelle. Cette évolution, elle n'est pas finie* », explique le sociologue.

Partant du constat que ces plateformes ne sont pas toujours très saines pour les jeunes femmes, on comprend mieux pourquoi certaines ressentent de vraies insécurités, voire l'impression d'être trahies, lorsque leur conjoint s'abonne à certains comptes, commente des photos, les aime... Hélas, le mieux reste encore d'en parler ouvertement à deux pour évoquer ses limites et ses émotions. Et d'essayer de se mettre dans les baskets de l'autre. Par exemple, qu'est-ce que ça ferait si, en tant qu'homme, votre copine allait s'abonner à des comptes de bels apollons séduisants, dénudés et qu'elle commentait la moindre de ces photos comme si elle était célibataire, puis glissait dans leurs DM ? Il me semble que vous avez trouvé la réponse vous-même. Parfois, une conversation à la limite de la drague fait bien plus mal que d'être trompée par un conjoint bourré en boîte de nuit.

La toxica

Cette femme jalouse maladive

Hissé sur un scooter, casque sur la tête, un jeune homme dépose sa dulcinée devant chez elle. Alors qu'elle l'embrasse pour faire diversion, elle met un gros coup de craie bleue sur le siège passager. Plus tard, quand son compagnon revient la chercher, elle remarque que la marque a disparu et demande, l'air de rien, s'il a, vraiment par hasard, véhiculé quelqu'un d'autre. À cette question, l'homme s'enfuit en courant, poursuivi telle une biche apeurée par un chasseur fou. Derrière cette saynète humoristique, postée sur TikTok en juillet 2022, se cache un couple de jeunes Colombiens, surnommés « *los Toxicos de Buga* », soit « les toxiques de Buga », du nom d'une ville proche de Cali, en Colombie. Suivis par plus de 732 000 abonnés sur la plateforme, ils réalisent des capsules humoristiques sur le thème des relations amoureuses, en se moquant du rôle joué par la *toxica*.

La femme « toxique », en français, est un archétype fréquemment dépeint dans la culture latino-américaine, notamment dans les feuilletons très populaires des *telenovelas*. Il s'agit d'une femme répondant à une distribution classique des rôles, qui, face à un époux peu fidèle, adopte une stratégie pour sortir du lot : devenir toxique. Dans ce but, elle met tout en œuvre pour montrer qu'elle a « du caractère » – à l'instar des autres femmes – et tente de maîtriser, voire de verrouiller son homme telle une cheffe de cartel.

Une rapide recherche sur Spotify avec ce mot clé suffit pour qu'apparaissent plusieurs centaines de résultats de titres à sa gloire. La chanteuse américaine Mariah Angeliq, d'origine portoricaine et cubaine, a fait de ce modèle son fonds de commerce en se l'appropriant telle une carapace protectrice, valorisant une forme de confiance en soi. Et une marque de vêtements espagnole a fait des sweats à l'effigie de cet archétype, sur lesquels est imprimé « *Toxica pero bonita* » (« toxique mais jolie »).

Mélodramatique reine des ragots (« *que chismosa !* » – « quelle commère ! » en espagnol), elle n'hésite pas à rentrer dans le lard de « son homme ». À la moindre suspicion d'infidélité, cette passive-agressive pose des questions épineuses avec assertivité. Ingénieuse, elle emploie des moyens extrêmes pour le piéger en l'espionnant au travail ou en fouillant dans son téléphone.

Parfois lourds à porter, les clichés peuvent aussi donner matière à l'autodérision. Ainsi, en 2023, pendant les Screen Actors Guild Awards, les actrices Jenna Ortega, héroïne de la série *Mercredi* de Netflix, et Aubrey Plaza, révélée par *The White Lotus*, qui ont toutes deux des origines latino-américaines, se retrouvent dans une situation tordante. En décernant un prix, elles tirent la tronche comme à leur habitude et se demandent pourquoi on les a mises ensemble, puisqu'elles n'ont absolument « rien en commun ». Dans un article du *Los Angeles Times*, la chroniqueuse d'origine portoricaine Suzy Exposito relève un véritable pied de nez lancé au stéréotype attendu de la femme latina, censée être chaleureuse, mais aussi agréablement « piquante ». Et pas froide comme ces deux comédiennes.

Cette mise en scène de la femme latine intrinsèquement jalouse et au sang chaud oblitère une autre réalité : au Mexique, dix femmes par jour sont victimes de féminicide. L'Amérique latine est le continent le plus dangereux pour les femmes, avec un record du nombre d'assassinats les visant. La toxicité masculine finit donc plutôt, pour les femmes, six pieds sous terre, plutôt qu'immortalisée dans une vidéo sur TikTok.

La boy mom

Cette môman à son fifils

En robe cocktail noire pour son seule en scène, l'héroïne hilarante de *La Fabuleuse Mme Maisel* (Amazon Prime, 2017-2023) se moque de ses géniteurs. *« Les parents juifs ? Ils crient sur leur fils parce qu'il ne mange pas assez, et sur leur fille parce qu'elle mange trop »*, lance-t-elle devant une salle américaine, pliée de rire, des années 50.

Dans cette série, Midge Maisel (Rachel Brosnahan) se sert souvent du personnage de sa mère, adorable avec son frère, mais dix fois plus exigeante avec elle, pour dénoncer les différences de traitement entre genres dans la fratrie. Suivant la tradition familiale, elle aurait pu, elle aussi, devenir une *boy mom*, soit une maman qui tend à vénérer son garçon tel un dieu, au détriment de ses filles.

Le terme apparaît au début des années 2010 sur des forums de *mommy bloggers*, comme le site Mom vs the Boys. Sur TikTok, où la #boymom cumule déjà plus de 33,4 milliards de vues (et plus de 17 millions de publications sur Instagram), l'archétype a pris une connotation péjorative, plutôt ironique, et divise les internautes. Des femmes s'amusent à parodier avec sarcasme ces mamans, parfois les leurs. Dans un épisode des *Kardashian* paru le 19 octobre 2023, Kim Kardashian s'est même définie ainsi par rapport à son fils, Saint (tiens, étonnant comme prénom !).

Pendant l'enfance de ses marmots, la *boy mom* privilégie toujours son garçon par rapport à ses filles, en lui servant plus de nourriture et de meilleurs morceaux de viande. Elle lui garde toujours la dernière part du gâteau. Ensuite, elle laissera son enfant prodige régner sur la tablée. À charge de sa fille de débarrasser l'assiette de son fils adoré, qui n'a jamais rempli un lave-vaisselle de sa vie. De toute façon, son garçon est plus intelligent, plus drôle et moins prise de tête, pas comme les filles, sources de problèmes – surtout si leur vient l'idée de se rebeller. *« J'ai toujours préféré la compagnie des garçons »*, aime-t-elle à répéter.

Dès qu'elle se dispute avec la prunelle de ses yeux, devenue un jeune adulte, elle n'hésite pas à lui signifier que c'est la faute de sa « sorcière de copine », seule ombre au tableau, qui le manipule et les éloigne l'un de l'autre. Aucune femme ne sera jamais assez bien pour son jules... euh, pardon, son fils. Quand ce dernier part en week-end chez sa dulcinée, la *boy mom* ressent un sentiment de manque irrépressible. Alors elle lui écrit pour qu'il lui envoie un message vocal, *« s'il te plaît, juste pour entendre ta voix »*.

Finalement, l'enfant se retrouve dans une situation de parentification, où les rôles sont inversés. La mère intrusive, qui confond parfois son fils avec son mari, attend de lui qu'il s'occupe des tâches administratives, qu'il répare la fuite du lavabo et qu'il lui apporte du soutien moral et de l'affection en toutes circonstances. Le jour où son rejeton (encore plus s'il est fils unique) quittera le nid pour s'installer avec l'être aimé ou, pire, lui passera la bague au doigt, elle le vivra comme une rupture, voire une trahison.

Peut-être aura-t-elle alors le temps de réfléchir à la misogynie qu'elle a intériorisée. Parce qu'en plus d'être en compétition avec sa bru, elle est aussi en rivalité avec ses propres filles, toujours dans l'objectif d'être au centre de l'attention masculine. Le syndrome de la Schtroumpfette n'est jamais loin...

La cool girl

Dindon de sa propre farce

Si vous appréciez les comédies romantiques, vous n'avez pas pu passer à côté de l'archétype de la *cool girl*, aussi présent dans la vie réelle que sur nos écrans. Autrefois interprété par Cameron Diaz dans *Mary à tout prix*, un film de 1998, il est revenu plus récemment sous les traits de Mila Kunis (*Sexe entre amis*, en 2011, et *Bad Moms*, en 2016). Mais il a réussi à s'extirper de ce genre cinématographique pour en envahir bien d'autres. Ainsi, dans les deux premiers volets de la trilogie *Transformers*, Megan Fox incarne la *cool girl* typique : un homme pas trop prise de tête dans le corps d'une bombe à retardement féminine.

C'est l'autrice américaine de romans policiers Gillian Flynn qui théorise en premier cet archétype dans son best-seller *Les Apparences* (Sonatine, 2013), adapté au cinéma en 2014 par David Fincher, dans *Gone Girl*. On y suit Amy, interprétée par la glaçante Rosamund Pike, qui joue pendant des années la fille sympa, belle, douce, attentionnée et aimante, pour plaire à son mari, Nick (Ben Affleck). Jusqu'au jour où, après une liaison avec une jeune femme incarnée par Emily Ratajkowski, elle craque, orchestre son faux féminicide et disparaît, pour mieux se venger. L'histoire raconte, en creux, la chute d'une femme toxique et manipulatrice, qui ne parvient plus à incarner ce qu'elle pense être : un fantasme et une sorte d'idéal féminin.

Cette incapacité à être soi-même et à conjuguer les injonctions contradictoires se résume en une scène du film, devenue culte : le monologue de la *cool girl*. Être une *« fille cool »*, c'est *« le plus beau compliment »* donné par un homme, lançait l'héroïne. *« Je m'épilais le maillot, je buvais des bières en canette devant les films d'Adam Sandler, je mangeais de la pizza et gardais une taille fine »*, continuait-elle. Tout en se forçant parfois à consentir à des relations sexuelles pour faire plaisir à Nick. En 2016, la chanteuse suédoise Tove Lo s'est inspirée de cet extrait pour sa chanson *Cool Girl*. Dans le clip, une femme enterre la *cool girl* qui sommeillait machiavéliquement en elle et recouvre sa liberté.

Quand son amoureux la délaisse pour filer en boîte de nuit, la *cool girl* prend l'air le plus détaché possible. Puis elle ouvre son smartphone et contacte désespérément ses amies les plus fêtardes pour sortir. Une fois l'heureuse élue trouvée, elle se mettra sur son trente et un, la rejoindra… et passera sa nuit à surveiller les stories Instagram publiées par la bande de copains.

Pour montrer qu'elle s'est bien éclatée, elle publiera nombre de vidéos de cette nuit de folie. Et elle fera exprès de rentrer plus tard que lui, même si l'ennui se fait ressentir depuis quelques heures déjà. Le lendemain, au moment où il lui contera son inoubliable soirée, elle ne sera pas en reste, quitte à enjoliver les faits.

Toutefois, il arrive parfois que son compagnon ne rentre pas au petit matin et parte en soirée *after* pendant des jours. Ces week-ends-là, elle s'astreindra à ne pas lui envoyer de messages, bien que l'inquiétude soit présente. « *Je ne veux pas l'oppresser* », lance-t-elle en vocal sur le groupe WhatsApp qu'elle alimente avec ses copines. Déjà qu'elle a mis des mois à sortir de la *situationship*, ce fameux flou relationnel qu'il maintenait… Il ne faudrait pas qu'elle gâche son travail de dissimulation en si bon chemin.

Mais à force d'adopter le masque de la copine facile à vivre et conciliante, elle dénigre son identité même. Si elle en venait à montrer la vérité, elle craint que son compagnon ne comprenne que, finalement, elle n'est pas si « *différente des autres* ». Sortir de l'exceptionnalité, de ce statut de surfemme qui serait aussi « *facile à vivre qu'un homme* » ? Jamais de la vie. Elle préfère se ronger les sangs des jours entiers que lui montrer son vrai visage. Qu'importe si elle est le dindon de sa propre farce.

La pick me girl

Ce faux « garçon manqué »

Alors que j'étais récemment à une fête de mariage dans le Sud, je suis tombée sur l'incarnation d'un archétype féminin qui m'a paru plutôt problématique. Vêtue d'une robe patineuse, je sirote tranquillement une bière belge avec ma petite sœur et ma mère quand, tout à coup, une femme soixantenaire, que l'on appellera Catherine, vient vers moi et fait tomber sa pince à cheveux à mes pieds. La situation me semblant surjouée, je fais mine de me pencher pour la ramasser sans trop d'efforts. Catherine se saisit de l'objet avant moi et me dit en pouffant : « *Ah mince, tu ne t'es pas baissée ! Les mecs là-bas* [elle pointe du doigt un groupe d'hommes également sexagénaires, hilares] *se demandaient si tu portais une petite culotte, alors je leur ai proposé de vérifier.* » Gros malaise. Je suis très gênée d'autant que ce sont, pour certains, des hommes que j'ai l'habitude de croiser à mon domicile familial puisqu'ils y sont logés gratuitement par ma mère et mon beau-père de temps en temps.

Au-delà du fait d'être sexualisée par des amis de la famille, qui ont chacun des filles de mon âge qui plus est, la place de Catherine me pose question. Quand je l'ai rencontrée une heure plus tôt, j'ai tout de suite pressenti que cette maman était une *pick me girl* (une fille « choisis-moi », en anglais). Cette expression désigne une femme en quête de validation masculine, qui n'hésite pas à faire savoir qu'elle est « différente des autres ». Pour ce faire, elle dénigre des comportements perçus comme féminins, comme le fait d'être coquette (« *Quelle gonzesse superficielle !* ») ou de parler de ses problèmes de couple (« *On n'est pas dans une série B, arrête de t'inventer des problèmes !* »).

Si l'origine de ce terme est difficile à déterminer précisément, il viendrait de la communauté afro-américaine de Twitter et s'applique aux femmes misogynes valorisant le fait d'être une épouse traditionnelle. C'est en 2016 que son usage prend la connotation qu'on lui connaît. Sur Twitter, le #tweetlikeapickme (« *tweete comme une pick me* ») est lancé par les masculinistes pour décrédibiliser ces comportements et les tourner en dérision. Ils les appellent aussi les « *NAWATS* », pour « *Not All Women Are The*

Same ! » (« les femmes ne sont pas toutes les mêmes ») ou encore « *suceuses d'attention* ». Dans la dentelle, comme toujours.

Puis ce terme est repris par les féministes. Sur les réseaux sociaux, les utilisatrices en font des vidéos humoristiques pour dénoncer ces comportements loin de mener à la sororité. Tellement que les #pickmegirl et #pickme combinés regroupent déjà 10 milliards de vues sur TikTok.

Loin d'être comme les autres, cette compétitrice hors pair adore rappeler qu'elle est un « garçon manqué ». Elle ne résiste pas à crier haut et fort que traîner avec des filles, c'est nul. Au moins, dans un climat rempli de testostérone, pas de crêpage de chignon ni de discussion futile.

Pour se mettre en avant, elle tacle ses éventuelles adversaires sur le terrain, histoire de récupérer la balle et de tirer droit au but. Ainsi, quand elle entend une femme dire ne jamais avoir joué au jeu vidéo *GTA V* ou ne pas suivre la Ligue 1, des loisirs perçus comme masculins, c'est une aubaine pour écraser sa consœur en public.

Bien sûr, ce n'est pas parce qu'on aime le foot ou qu'on est une gameuse qu'on est d'office une *pick me*. C'est en intériorisant la misogynie qu'on s'en approche.

Pour en finir avec la rivalité féminine

La première version que j'ai écrite de la *pick me girl* était édulcorée par rapport au brouillon que j'en avais fait. Au départ, je voulais aborder une expérience que j'ai vécue à cause d'une amie en quête de validation et d'attention masculines. Finalement, j'ai fait machine arrière parce que je n'étais pas encore prête à en parler.

Je la raconte désormais parce que, avec le recul, cela m'apparaît nécessaire pour montrer qu'en dépit du fait d'alimenter la misogynie, cet archétype existe vraiment et peut mener à des situations plus graves. Pour des raisons évidentes, tous les prénoms ont été changés.

En 2016, j'étais en première année de DUT Techniques de commercialisation à l'IUT de Toulouse. Le dernier jour de cours, j'étais dehors en train de rire avec des personnes de ma classe, quand tout à coup, une fille avec qui je pensais être amie est venue soulever ma jupe – tiens tiens, Amélie n'était pas si loin de la Catherine du mariage !

Sur le coup, je ne comprends pas pourquoi elle fait ça. Humiliée, je m'énerve contre elle. Une vingtaine de camarades de classe m'ont vue quasiment à moitié nue. Mais le choc arrive quelques heures plus tard, lorsque j'apprends par des amis qu'Amélie n'a pas fait ça sur un coup de tête, sans réfléchir. Il y avait un garçon dans ma classe, Théo, avec qui je ne m'entendais pas, qui s'était mis en tête de m'humilier. Pour ce faire, il a demandé à mon amie Amélie, qui avait eu un énorme coup de foudre pour lui, de me dénuder en public. Au même moment, il enregistrait une vidéo de moi (et surtout de mon fessier), ni vu ni connu.

Quand j'apprends cela, je suis dévastée pendant une à deux semaines. De retour chez ma mère en banlieue parisienne, je n'en ai parlé à personne, sauf à mon conjoint de l'époque, parce que j'avais honte. Je m'imaginais que la vidéo tournait dans les messageries privées à mon insu. La nuit, j'étais incapable de fermer l'œil. Difficile de manger et de rire la journée. Mes pensées étaient obstruées par ce qui m'était arrivé. Après moult discussions et moments de larmes, mon copain a fini par me convaincre d'en parler à la responsable de notre IUT. Tout de suite, elle a pris les choses en main, estomaquée par ces comportements. Elle m'a assuré que Théo avait supprimé la vidéo et qu'elle n'était pas sortie de son téléphone. J'ai encore du mal à y croire étant donné que sa volonté était de me nuire.

Par la suite, j'ai reçu des messages de mon ancienne amie Amélie, que j'ai décidé de radier de ma vie du jour au lendemain. Pendant plusieurs années, elle est revenue vers moi à pas de loup par message. Je ne lui ai jamais répondu. Parce que j'estimais que son acte était irréversible. Certes, je ne m'en sortais pas trop mal. Mais les conséquences de son acte médité auraient pu permettre à certains de me cyberharceler, de me détruire mentalement, comme c'est malheureusement déjà arrivé à beaucoup trop de jeunes femmes. Elle a été, sinon complice, du moins l'un des moteurs de l'opération. C'était avant #MeToo. Aujourd'hui, j'imagine qu'elle doit être couverte de honte en repensant à cette histoire. J'espère sincèrement qu'avec le temps elle a changé et a réussi à s'extraire de sa condition de *pick me* et de *cool girl*.

Au moment où j'écris ma chronique sur la *pick me girl*, inspirée par une histoire proche qui m'est arrivée avec Catherine, cette soixantenaire en quête de validation masculine lors du mariage, je me souviens de ce fait. Enfin, je peux mettre des mots sur les raisons qui ont poussé une amie très proche à me trahir et à me blesser de la sorte, voire à organiser une agression sexuelle qui aurait pu me conduire à être « fisha » (affichée, en verlan) en ligne pour le restant de mes jours. Avant que cela arrive, je savais déjà qu'elle se mettait en compétition avec moi tout le temps. Surtout quand il s'agissait de la gent masculine. Je savais qu'elle était capable de me tirer dans les pattes par manque de confiance en elle, par besoin de prouver et de plaire à un individu du sexe opposé. Mais je ne pensais pas que cela pourrait aller aussi loin.

Finalement, que ce soit pour Catherine ou pour Amélie, je ressens désormais beaucoup de peine. Elles sont tellement obnubilées par le besoin de se mettre en avant face à des hommes, quitte à humilier, que dis-je, à descendre leurs consœurs, qu'elles ne voient pas qu'elles nous desservent et marquent un but contre notre camp (CSC, pour les intimes).

À quoi bon être « différente des autres filles » ?

Mais au fait, pourquoi ce besoin de se mettre en avant en tant que femme, face à un ou plusieurs hommes ? Pourquoi beaucoup de femmes cherchent-elles à être, comme dans les films et séries, « différentes des autres filles » ? Pourquoi est-ce mal considéré d'être une « vraie fille », davantage Blair Waldorf que le garçon manqué sexy Serena van der Woodsen dans la série *Gossip Girl* ? D'aimer des loisirs perçus comme féminins, comme le fait de se maquiller ? Pourquoi les mangas Shojo dédiés aux filles sont-ils considérés comme des navets, comparé aux Shonen, ceux dédiés aux garçons ? On pourrait continuer longtemps à énumérer des exemples de la sorte.

Je vais répondre très simplement à ces questions. Tout simplement parce que le masculin l'emporte sur le féminin. Historiquement, faire naître un garçon a toujours été plus valorisé. Rappelons que pendant longtemps, les reines qui n'arrivaient pas à donner de mâle à leur mari étaient répudiées, perçues comme incompétentes dans leur fonction de livrer un petit héritier. Encore aujourd'hui, cette préférence vaut dans beaucoup de pays où les mariages arrangés sévissent, comme en Inde. Selon RFI, plus de 2 millions d'avortements ont eu lieu après la découverte du sexe féminin du bébé. Chez nous, certains médias comme *Biba* proposent encore des théories bancales pour augmenter ses chances de faire naître un garçon... Ou comment comprendre que tout ce qui est attribué au féminin est inférieur.

Ce fait, le sociologue Pierre Bourdieu l'avait déjà constaté. Selon lui, au fil des millénaires, les femmes ont profondément intériorisé le sentiment d'être du genre mineur. De ce fait, pour échapper à cette assimilation automatique à un genre considéré comme plus faible, elles ont peu d'autres choix que de se casser les unes les autres.

Le patriarcat, cette forme d'organisation sociale et juridique fondée sur la détention de l'autorité par les hommes, à l'exclusion explicite des femmes, vacille désormais parce que des femmes ont réalisé qu'elles étaient divisées à leur insu.

Dans leur livre *En finir avec la rivalité féminine* (Les Arènes, 2021), la journaliste Élisabeth Cadoche et la psychothérapeute Anne de Montarlot racontent comment, de tout temps, il a fallu éliminer ses potentielles concurrentes. Dans les histoires qu'on nous lit enfant, déjà, la princesse est en opposition avec la méchante belle-mère ou les vilaines demi-sœurs. Autrefois, les femmes n'ayant pas de possession personnelle, elles devaient se marier avec un homme pour obtenir des terres et des biens. Autrement dit, être choisie comme épouse par un homme revenait à obtenir un statut social. Bref, cette rivalité féminine est le résultat de plusieurs siècles de domination masculine, où le *male gaze*, ce fameux regard masculin hétérosexuel théorisé par Laura Mulvey, était central. Et pour contenter les hommes, on fait tout pour se rendre aimable ou désirable pour eux, puisque c'est leur seul regard qui importe vraiment. La rivalité est une compétition qui naît de la prise de conscience d'un rapport de force non favorable. Or, ici, celle-ci résulte du *male gaze*. Les deux autrices expliquent également que les temps modernes n'ont jamais été si propices à ériger la beauté comme le terrain privilégié de la rivalité. Un phénomène encore plus exacerbé par les réseaux sociaux, où Instagram est un exhausteur de rivalité. D'ailleurs, selon une étude réalisée par l'organisation britannique anti-harcèlement Ditch the Label, ce sont plutôt les femmes qui ont tendance à utiliser des termes misogynes et péjoratifs pour qualifier et détruire consciemment d'autres femmes.

Certains diront que la compétition entre femmes n'est qu'un mythe misogyne au service du patriarcat. Pour ma part, je pense que le fait de nier son existence même est un écueil qui empêche de réaliser les progrès qu'il nous reste à faire. La jalousie est un sentiment humain qu'il est normal de ressentir. Toute femme, me semble-t-il, a déjà éprouvé cette émotion désagréable envers une autre, que ce soit sa sœur, sa fille, sa cousine, sa meilleure amie, sa collègue, sa mère... Une fois le constat établi et assumé, encore faut-il travailler sur soi, ensemble, pour comprendre les mécanismes qui nous amènent à cette jalousie souvent néfaste et contre-productive. Parce qu'on ne dira jamais « *Je ne m'entends pas avec les Noirs* », arrêtons de dire qu'on ne s'entend pas avec les femmes. Plus encore quand on en est une et qu'on balance cela à son groupe de copines. Oui, je pense que pas une femme ne l'a jamais fait. Et n'y a jamais fait face.

La high maintenance girl

Cette femme aux exigences existentielles top niveau

Eh oui, à force de me moquer de mes congénères, il fallait bien que je vous fasse le plaisir de me chambrer moi-même. J'ai découvert la *high maintenance girl* cet été, quand, entre amis, nous nous amusions autour d'un verre à partager nos *red flags*, ces insupportables obsessions personnelles et ces comportements qui nous rendent parfois invivables. Ma meilleure amie me dit alors que je suis trop *high maintenance*, d'une extrême exigence en français, étant aussi impitoyable avec moi-même qu'avec les autres.

À bien y réfléchir, je suis forcée de reconnaître mes nombreuses similitudes avec le stéréotype de la *high maintenance girl*, allant de la présentation physique ultratravaillée aux aspirations professionnelles de haut vol, pour moi comme pour mon conjoint.

Pour le Oxford English Dictionary (OED), le terme désigne une femme très en demande, plutôt pointilleuse, qui requiert beaucoup de soin et d'attention. Selon le média *The Atlantic*, cette figure apparaît pour la première fois dans la comédie romantique *Quand Harry rencontre Sally* (1989), lorsque Billy Crystal explique à Meg Ryan qu'il existe deux types de femmes : la *high* et la *low maintenance*. La plaçant dans la première catégorie, il lui lance : « *Tu en es la pire sorte. Tu es* high maintenance, *mais tu penses être* low maintenance. »

Dans la série *Friends* (1994-2004), Monica incarnera ensuite à la perfection ce personnage de *control freak*, limite castratrice, comme dans cette scène hilarante de l'épisode 12 de la saison 6, où elle force son petit ami Chandler à dire au reste du groupe qu'elle n'est pas *high maintenance* !

Dotée d'un sens de la communication hors norme, la *high maintenance girl* n'hésitera pas à faire connaître ses besoins ainsi que ses (fortes) attentes, mettant son entourage sous pression. À quoi bon être en couple avec quelqu'un si elle sait qu'elle serait mieux toute seule ? Quoi que vous disiez, elle a confiance en elle et sait qu'elle mérite mieux. Il faut donc la traiter telle la princesse qu'elle est, toujours au top, de ses ongles de pied parfaitement manucurés à ses longs cheveux entretenus comme si c'était de l'or en fil.

En *date*, si vous avez un contretemps, il y a intérêt à ce que ce soit parce que votre mère a fait un AVC. D'une nature impatiente (surtout envers les autres), elle prend pourtant deux heures à se préparer pour sortir. Là, installez-vous confortablement et ouvrez *Candy Crush*, elle déteste arriver la première en soirée. Grande romantique (et un peu *drama queen*), elle a besoin d'être courtisée, voire adulée, même après des années de vie en couple. Si elle vous dit que vous êtes en train de devenir colocataires, gare à vos fesses !

Alors que beaucoup de sites évoquant ce personnage nous invitent à le fuir, ou au mieux à apprendre à vivre avec ses exigences, sur les réseaux sociaux, les principales intéressées se mettent fièrement en scène. Après tout, rien de plus logique lorsqu'on a une haute opinion de soi-même.

En 2022, l'autrice Lisa Portolan, postdoctorante à la Western Sydney University, expliquait dans un article paru dans *The Conversation* que cette figure féminine était particulièrement décriée car elle s'éloigne justement des stéréotypes généralement accolés aux femmes, dont on attend qu'elles *« se rétrécissent »*, en étant *« silencieuses, serviables, sans opinion et toujours accommodantes »*. Ici, bien au contraire, même si elle s'énerve, la *high maintenance girl* ne courbe jamais l'échine. C'est compris ?!

La crazy cat lady

Cette femme à chats féministe

On aimerait écrire que la *crazy cat lady* n'est qu'un personnage loufoque des *Simpsons*, cette vieille dame, *« folle aux chats »*, Eleanor Abernathy, au physique aussi défaillant que son mental, qui a perdu la boule depuis longtemps et balance des félins à tout va. Pourtant, force est de constater qu'il en existe en dehors de la série. Au lycée, ma professeure de philosophie, plutôt perchée et délurée, affirmait qu'elle était un chat réincarné en humain. De ce fait, elle parlait la « langue chat », ronronnement qu'elle nous a fièrement mimé dès son premier cours. Passionnée par ces quadrupèdes, elle était toujours vêtue de l'attirail rose complet d'Hello Kitty, cette marque kawaï à l'effigie de gros chat mignon, du tee-shirt au cartable à roulettes qu'elle tirait derrière elle dans les couloirs.

Un simple regard par la fenêtre, le matin, me permet de retrouver ce type de profil. Dans l'immeuble d'à côté, une dame qui réside seule au rez-de-chaussée lance de la nourriture aux matous des alentours. Mistigris de salon et chats de gouttière festoient alors tous ensemble, tels des Aristochats virevoltant autour de ce repas devenu quotidien.

Cette voisine-là ne me dérange pas, à l'inverse d'une autre, adepte d'un de mes pires ennemis : le pigeon. Dieu merci, le balcon de cette « dame aux pigeons » se situe de l'autre côté de mon bâtiment. J'évite donc les fientes dégoulinant sur les balcons en dessous du sien ainsi que les dépôts de plumes grises partout. Mais d'autres n'y échappent pas et se lèvent vent debout contre cette déesse stryge mi-femme, mi-oiseau. Plusieurs fois, dans l'ascenseur, des voisins aussi verts (de rage) que les déjections de ces rats volants sont allés écrire leur mécontentement à cause des nuisances imposées par cette dame, qui offre chaque jour aux volatiles un riche buffet sur sa terrasse.

Sur TikTok, des vidéos aux centaines de milliers de vues mettent en scène des jeunes femmes promenant leur chat en laisse ou lui offrant un arbre à chat digne d'un complexe de Philippe Starck. Même Claudia Schiffer a été désignée comme *crazy cat lady* par le magazine *Vogue* en janvier 2024, lorsqu'elle a débarqué sur le tapis rouge, à Londres, pour la première du film *Argylle* avec son scottish fold (la race féline préférée de Taylor Swift) dans son sac à dos Versace. Chip, de son prénom, a lui aussi son propre compte Instagram.

Le chat serait l'apanage des femmes seules, coupées du monde social, émotionnellement en détresse. Qu'elles soient veuves, éternelles célibataires ou – pire – féministes, elles combleraient leur manque d'affection et leur frustration par la présence à leurs côtés d'un petit être à la truffe chaude qui laisse des poils partout. De tout temps, la femme à chats a été reliée aux dissidentes du couple hétérosexuel traditionnel. Hors du circuit de l'amour romantique, la *crazy cat lady* n'a pas d'enfant, elle est libre comme l'air mais reléguée à la marge de la société.

« C'est un vieux stéréotype fondé sur des croyances stupides au sujet des femmes

célibataires et des féministes. Associés à la sphère domestique, les chats étaient ainsi utilisés dans des images antiféministes pour dépeindre les suffragettes comme idiotes, puériles, inaptes à la vie politique», expliquait le *New York Magazine* en mai 2022 dans un article intitulé «Pourquoi les hommes conservateurs ont-ils si peur des "femmes à chats"?». La journaliste Sarah Jones revenait alors sur les déclarations de deux conservateurs américains qui avaient utilisé cette figure de la femme à chats pour décrédibiliser la lutte pour la sauvegarde du droit à l'avortement un mois avant l'annulation par la Cour suprême de l'arrêt Roe *vs* Wade de 1973.

Cependant, depuis #MeToo, cette perception de dame folle de chats prend une nouvelle connotation, résolument plus positive. Au Moyen Âge, les chats étaient associés au satanisme et à la sorcellerie. Directement liée à la figure de la sorcière, réhabilitée par Mona Chollet dans son best-seller *Sorcières. La Puissance invaincue des femmes* (La Découverte, 2018), la *crazy cat lady* fait elle aussi l'objet d'une forme d'*empowerment*.

Devenue symbole de l'émancipation de la femme, elle trace pour ses semblables le chemin d'un autre univers des possibles, en dehors du couple et de la maternité. Tant pis pour le réarmement démographique souhaité par le président Emmanuel Macron pour repeupler la France, la *crazy cat lady* a bien d'autres chats à fouetter !

Le golden retriever boyfriend

Ce petit ami parfait

À peine sorti depuis vingt-quatre heures, le nouvel album de la chanteuse Taylor Swift, *The Tortured Poets Department*, est déjà le plus écouté de toute l'histoire de Spotify. La star américaine serait aussi un modèle en matière de relations conjugales, puisqu'elle a choisi comme partenaire le joueur de football américain Travis Kelce, estampillé *golden retriever boyfriend* (« GRB »). Cet archétype, jouant d'une métaphore canine a priori peu valorisante pour la gent masculine, a émergé sur TikTok en 2021 et désigne un homme fidèle, affectueux et joueur. Un compagnon idéal, en somme, à l'opposé du *bad boy* viriliste.

L'acteur Ryan Gosling incarne, lui aussi, le parfait GRB dans la vie (avec l'actrice Eva Mendes) et à l'écran (le « *I'm just Ken* » du film *Barbie*). Tout comme Tom Holland, petit ami dévoué de l'actrice Zendaya. Des bons gars, quoi.

Cette expression provient de la série animée caustique *BoJack Horseman* (2014-2020), de Raphael Bob-Waksberg, mettant en scène un personnage dépressif et sarcastique à tête de cheval. Son acolyte, M. Peanutbutter, cabot hyperoptimiste au poil doré, au torse musclé moulé dans son tee-shirt et aux lunettes de soleil plantées sur le front, contraste avec ce héros morose. Mais M. Peanutbutter a beau être gentil et positif, il reste un privilégié légèrement agaçant. Tout semble lui réussir et couler sur lui.

En dehors d'Hollywood, à quoi reconnaît-on un GRB ? Très porté sur la famille, il adore participer à des cousinades, met la main à la pâte en cuisine, n'hésite pas à prêter main-forte pour déplacer un lit à baldaquin en vieux chêne qui pèse cinq ânes morts. Facile à vivre, il est extrêmement serviable. Il multiplie les cadeaux et les gestes d'attention pour sa petite amie. Ses amis louent sa gentillesse infinie et son intelligence émotionnelle.

Fiable et loyal, il est d'un dévouement exceptionnel. Le pire : il n'attend jamais rien en retour.

Quand sa dulcinée décidera de partir à l'autre bout du monde, pour une période indéterminée, *« pour se reconnecter avec elle-même »*, le GRB la soutiendra. Car l'épanouissement de la prunelle de ses yeux compte plus que son propre bonheur. Tant pis s'il est, en vérité, dévoré par le chagrin. Rien ne doit transparaître, il ne voudrait pas interférer dans les choix de l'amour de sa vie. Fidèle au poste il restera, la truffe toute chaude, attendant que sa maîtresse lui revienne pour lui faire la fête. Attention néanmoins, car, à force d'être traité comme un toutou, il pourrait aussi, à juste titre, finir par avoir envie de mordre.

Le pas avant le mariage

Ce fervent abstinent, adepte du « sexe lent »

« *Et toi, tu es PAM ou pas PAM ?* » est une question que l'on peut entendre si l'on évolue dans un établissement catholique de Versailles, dans les Yvelines. Derrière cet acronyme, né on ne sait trop comment, se cache la question de l'abstinence jusqu'à l'union maritale. PAM comme « pas avant le mariage », donc.

En 2019, le père Max Huot de Longchamp, responsable du centre et de la société de vie apostolique Saint-Jean-de-la-Croix, consacré à la formation spirituelle chrétienne, publie le petit livret *PAM !* (éd. Paroisse et Famille), dans lequel il promeut *« la valeur humaine et chrétienne de la chasteté avant le mariage »*. Et s'adresse à ceux qui se gardent d'avoir des rapports charnels comme « à *ceux qui regrettent* [d'avoir goûté au fruit défendu] ». Comprendre : on peut toujours se repentir même après avoir « fauté ».

Sur TikTok, certains, ou plutôt certaines, mettent en avant ce statut pour montrer qu'elles se réservent pour leur nuit de noces. Démarche qui ne concerne pas que la religion catholique. Même si ces sujets relèvent de la sphère intime, le PAM adore revendiquer haut et fort le fait qu'il n'offre pas son corps facilement, notamment en portant une bague de virginité, un bijou très en vogue aux États-Unis pour afficher sa chasteté. Banalisant des questions touchant à l'intimité sur les réseaux sociaux, le PAM est de plus en plus disposé à exposer son choix, contrairement à ses aïeux, plus frileux.

Pour le sociologue états-unien Randall Collins, les couples investissent du temps dans la célébration de leur amour, qu'ils formalisent et officialisent, comme s'il s'agissait d'une minireligion ou d'un microculte privé. Un phénomène amplifié par les réseaux sociaux, où l'on rappelle fièrement que ça fait déjà cinq ans qu'on est en relation. On n'hésite pas à exposer sa romance à travers un narratif bien ficelé, en mentionnant par exemple dans sa bio Instagram le nom de sa dulcinée, à côté de l'émoticone d'une romantique rose rouge. Ou encore en postant pléthore de photos, en week-end à Rome, en train de s'embrasser à la table, nappe vichy rouge et blanc, et de partager un plat de spaghettis dégoulinant, verres de chianti en main. Notre PAM n'y échappe pas.

De nature tout de même plutôt coincée, nos abstinents ont le poil qui se hérisse quand ils apprennent qu'une de leurs connaissances a eu recours à une IVG. Ils ne peuvent s'empêcher d'émettre un jugement rétrograde à l'égard de celle-ci.

Pour le PAM, il faut attendre de tomber sur la perle rare et de se dire oui devant l'autel, pour « *rassembler* » ses énergies et être prêt le jour J. « *Quelle plus belle preuve d'amour peut-on offrir ?* » pense le PAM. Dans un article de *La Vie* sur ces couples, la sexothérapeute Hélène Dumont explique que le vœu de chasteté jusqu'au mariage peut toutefois être à l'origine de bien des troubles sexuels. Pour certaines femmes, l'idéal de pureté dans lequel elles grandissent peut les conduire à souffrir de vaginisme. Il s'agit de la contraction involontaire des muscles du plancher pelvien, rendant douloureuse et difficile la pénétration vaginale.

Pour les hommes, à qui on a répété de ne pas se masturber, certains « *rencontrent des difficultés pour éjaculer ou pour éprouver du plaisir* ». En effet, nombre d'entre eux, ayant érotisé cet interdit, souffrent, une fois liés par le mariage, d'une perte de libido.

Malgré ces désagréments, « *à quoi bon enchaîner les conquêtes, tels de vulgaires produits de consommation que l'on trouve en rayon sur Tinder ?* »

s'interrogent nos PAM. Eux chérissent plutôt le *slow sex* (« sexe lent »), soit le fait de prendre son temps pour *« se rencontrer intimement »*.

Pressé par ses pulsions sexuelles, le PAM va quand même demander la main de sa bien-aimée entre ses 20 et ses 25 ans au maximum, histoire de rompre l'attente le plus vite possible. Attendre, d'accord, mais pas trop quand même.

L'ex relou

Ce spectre du passé qui adore venir vous hanter

« *Arrête de m'écrire !* » À quelques jours d'Halloween, parlons de cet archétype très collant, sorte de spectre omniprésent, qui s'invite parfois dans vos cauchemars (et souvent dans vos textos) : cet ex qui n'a pas lâché le morceau (vous, donc). Depuis cinq ans, le compte Instagram « Ex relou », fondé par le trentenaire Martin Bachelard, publie les meilleures captures d'écran des pires messages d'ex en tout genre. Il en a même fait un livre, *Ex relou. Vous avez un nouveau message* (JC Lattès, 2019).

L'idée lui vient au cours de conversations WhatsApp, quand lui et ses amis partageaient leurs déboires sentimentaux. On est en janvier 2018, et Martin vient de quitter sa petite amie, qui l'a mauvaise, au point qu'il retrouve un jour les vitres de son véhicule éclatées, comme il l'a raconté à *L'Obs*. Avec ses amis, il commence ainsi à répertorier les messages rageurs, graveleux ou chagrinés d'ex (anonymisés) pour les partager avec le grand public, en s'inspirant du compte américain « Textsfromyourex » (3 millions d'abonnés). Le compte « Ex relou » est ensuite alimenté par les abonnés eux-mêmes (415 000 à ce jour).

Outre ces pépites d'amoureux et d'amoureuses éconduits (et il faut le dire parfois carrément « forceurs »), le succès d'« Ex relou » réside dans ses légendes, lacunaires et désopilantes : *« Je veux que tu me rendes ma machine à pain, signé Ton ex dans le pétrin. »*

Tout le monde en prend pour son grade (hommes comme femmes), et toute la palette des ex est représentée : le lover nostalgique, le goujat tendance « charo » (l'homme à femmes compulsif), la *control freak*, l'hypocondriaque et ces *stalkers* (« traqueurs ») limite sociopathes, tel ce jeune homme qui signale par une photo qu'il est devant la porte de son ex, mais que « *c'est juste pour réfléchir* ». Pas du tout flippant.

Carton rouge pour l'ex relou au masculin qui vous dit dès la rencontre sur Tinder que « *toutes* [s]*es ex étaient folles* ». Et aussi pour cette femme manipulatrice menaçant de se jeter par la fenêtre si vous envisagez de la quitter pour de bon.

Une des catégories les mieux représentées concerne les ex-éthyliques, du style à vous envoyer un « *tu me manqudskdjf* » à 4 heures du matin, pour s'excuser une fois la gueule de bois au rayon souvenirs et demander, en même temps, une autre chance. Cet Instagram détaille aussi toutes les stratégies – comme cet ex très attachée à une paire de socquettes usées qu'elle a laissée chez vous à dessein – utilisées pour tenter de revoir l'être aimé (une dernière fois, c'est promis).

Que dit ce compte de la rupture contemporaine ? Les SMS et autres façons d'échanger par voie numérique rendent évidemment la chose plus spontanée et parfois brutale, notamment quand on vous laisse « en vu », fonctionnalité présente sur la plupart des messageries en ligne. Grâce à « Ex relou », moqué par les internautes, on peut aussi prendre de la distance avec ses anciens compagnons de route. D'ailleurs, entre ce compte et « Amours solitaires », toujours sur Instagram, sur lequel Morgane Ortin recueille des captures d'écran de messages d'amour, il n'y a parfois qu'un pas !

Nouvel An, Saint-Valentin, Halloween ou encore votre anniversaire, les occasions ne manquent pas pour qu'il ou elle tente de vous alpaguer de nouveau. Mais, attention, un ex relou sommeille en chacun de nous. Cela fait, par exemple, plusieurs années que Shakira, à travers ses chansons, ne lâche pas son désormais ex-mari, le footballeur Gerard Piqué, qui doit sans doute en avoir ras le bol de se faire tacler. Justin Timberlake, Bruno Mars, Miley Cyrus, Ed Sheeran, Taylor Swift ont, eux aussi, fait de la *revenge song* un art à part entière. Pour le commun des mortels, qui ne sortent pas avec une star, mieux vaut penser à envoyer comme ultime texto de fin de relation : « *S'il te plaît, ne m'affiche pas sur "Ex relou" !* »

Chapitre 3

Jeune & jolie

Le mythe de la femme-enfant, ou l'éternelle jeunesse en question

Hérité de plusieurs siècles, le modèle de la femme-enfant, cette femme à la fois jolie, féminine, fragile et aussi espiègle, ingénue et enfantine, est plus que visible et érotisé dans les productions artistiques.

Sorte de femme fatale en culottes courtes, innocente et scandaleuse, la femme-enfant a été largement diffusée dans l'inconscient collectif par le succès du *Lolita* de Stanley Kubrick (1962), libre adaptation du roman éponyme de Vladimir Nabokov paru en 1955, dans laquelle le personnage de la jeune fille est hypersexualisé, provocant. Ici, elle est désignée comme une diablesse aguicheuse, tentatrice, une allumeuse de première aux comportements déviants. Une histoire d'amour impossible, qui interprète différemment les lignes où Nabokov racontait l'histoire d'une petite fille violée par un beau-père malsain et crée ainsi un malentendu dans l'acception d'une lolita. Bel exercice de *male gaze* !

Dans les années 50-60, la Nouvelle Vague – mouvement artistique porté par des réalisateurs effrontés, comme Jean-Luc Godard, Jacques Rivette, Éric Rohmer ou François Truffaut – propose une représentation des relations de couple particulière, faite de nymphes virginales, tout juste pubères. Dans celle-ci, le « Créateur », homme d'âge souvent mûr, objectifie et filme une jolie jeune femme dont il tombe souvent amoureux, autant à l'écran que dans la vraie vie. Brigitte Bardot, Jane Birkin, Anna Karina et nombre de leurs consœurs devenues des égéries immortelles pourraient en témoigner. Visage doux, corps fin, gracile, parfois androgyne, à la peau soyeuse, cette « Créature », chair fraîche façonnée par un Pygmalion pervers, œuvre d'un seul homme puissant, a fait rêver des générations – moi-même, je suis une grande admiratrice de ces muses libres, émancipées, affranchies des bonnes mœurs des sixties – et de leurs pères de substitution. « *Daddy issues* » (problèmes de papa), quand vous nous tenez.

Les décennies suivantes ont elles aussi vu naître leur lot de jeunes filles érigées en divinités par un artiste créateur tout-puissant, sculpteur d'une œuvre de taille humaine, douce chair modelable à l'envi. La génération de Judith Godrèche, révélée par le film *La Désenchantée* de Benoît Jacquot, dans les années 90, a récemment commencé à reprendre le narratif sur son histoire, à travers la série *Icon of French Cinema* et le court-métrage *Moi aussi*. En 2024, elle porte plainte contre ce réalisateur ainsi que contre Jacques Doillon, pour viol sur mineure. Se réapproprier son expérience, c'est ce qu'a aussi fait l'éditrice Vanessa Springora, à travers son livre *Le Consentement* (2020), dans lequel elle se libère des journaux intimes où le pédocriminel Gabriel Matzneff l'avait enfermée. Si elle n'a pas porté plainte contre cet homme qui lui a volé son enfance, les faits étant prescrits, le parquet de Paris a tout de même ouvert une enquête préliminaire pour viols sur mineurs, au lendemain de la parution de l'ouvrage. Parmi les faits dénoncés, cette cohorte de femmes, comptant également Isild Le Besco et Adèle Haenel, estime avoir été victime d'assujettissement, d'emprise, de manipulation et d'autres violences, physiques et sexuelles comme psychologiques. La vague #MeToo survenue en 2017 a permis à cette libération de la parole de soulever les failles d'un système qui broie les femmes au profit d'une jouissance masculine, d'un quasi-droit de cuissage.

Et si vous pensiez que cette fétichisation des très jeunes femmes est l'œuvre de pays occidentaux, restez bien accrochés. En Asie, plusieurs termes existent pour illustrer un phénomène similaire assez inquiétant. *Kawaii* au Japon, *Aegyo* en Corée du Sud, *Sajiao* en Chine... des façons de désigner la façon dont des femmes adultes performent une personnalité de petite fille pour obtenir une validation, souvent masculine. Moue boudeuse, voix mignonne (ou nunuche selon les goûts), sentiments exagérés, ces femmes se rétrécissent et n'hésitent pas à faire semblant de ne pas savoir quelque chose pour laisser leur conjoint le leur expliquer. Sur les réseaux sociaux, plusieurs filtres effet « lolita » donnent un visage poupin aux femmes : petit nez, bouche pulpeuse, peau blanche et joues rosées.

Au pays du Soleil-Levant, le livre de Nabokov a une résonance particulière depuis les années 70, moment où le terme « lolicon », diminutif de « *lolita complex* » se répand jusqu'à devenir une expression courante désignant l'attirance de certains hommes envers de très jeunes filles. Sans passage à l'acte, il s'agit là d'un fantasme plutôt bien accepté socialement. Dans les mangas éclosent des personnages de « Loli », des petites filles très sexualisées, que l'on dessine parfois dénudées pendant un acte sexuel dans les *hentais,* ces bandes dessinées japonaises destinées aux adultes, dont le contenu est explicite.

Dans un article paru dans la revue *AOC,* l'écrivain Christian Salmon perçoit, dans ce mythe séduisant de la jeune fille, des injonctions néolibérales : flexibilité, adaptabilité et mobilité. En prenant l'exemple du mannequin phare des années 90 Kate Moss, femme-enfant à la beauté innocente et rebelle, il montre comment même elle a dû savoir s'adapter en limitant la prise de poids et le vieillissement, en prenant des stupéfiants. Tout pour rester éternellement cette femme-enfant si désirable. L'écrivain pointe que, s'il est difficile pour de très jeunes femmes de s'arracher à l'emprise d'un homme, il est plus compliqué encore de se libérer de la prison d'un mythe. Et, parfois, la fiction peut rattraper la réalité, comme quand l'actrice Sue Lyon, qui jouait Lolita dans le film éponyme de Kubrick, déclarait en 1997 : *« Lolita m'a exposée à des écueils qu'aucune fille de cet âge ne devrait affronter. Je défie n'importe quelle fille de 14 ans jetée sous les projecteurs pour son rôle de nymphette de rester sur ses deux jambes. »*

Le mythe de la femme-enfant, objet de désir sans fin, est loin d'être révolu, comme nous allons le découvrir à travers des archétypes web comme la *clean girl*, ou encore la « coquette ». Souvent liée à une quête de jeunesse éternelle, y compris pour une frange d'hommes gays comme on le verra avec le *twink*, la femme-enfant hypersexualisée est aussi un personnage au destin tragique, incarnant la tristesse féminine : ainsi, la *sad girl* ou encore sa petite sœur, plus rock et insoumise, la *Tumblr girl*.

La clean girl

Figure de proue d'un #BeautyTok sans aspérités

On les a vues surgir de partout, sur TikTok, ces passionnées de maquillage qui proposent de suivre différentes tendances beauté. Du #StrawberryMakeUp (24 500 publications), qui vous donne un teint de pêche frais avec des joues rosées, au #DouyinMakeUp (123 000 publications), inspiré de la routine beauté des Coréennes, qui appliquent sur leur visage jusqu'à dix produits matin et soir, chacune promet un rendu très « naturel » pour maximiser son capital beauté. Et la plus connue reste celle incarnée par les *clean girls* (« filles propres » en français, 304 000 publications sur TikTok).

Ce terme apparaît sur l'application de partage de vidéos à partir de 2020. Il se réfère à des icônes de la beauté comme les sœurs Gigi et Bella Hadid, Kendall Jenner ou encore à Hailey Bieber, initiatrice de cette tendance et de bien d'autres encore. La *clean girl* est une femme jeune, souvent blanche et aisée, au mode de vie minimaliste, prétendument simple et ordonné, à l'image de celui des Scandinaves. « Une fille comme il faut », en opposition avec les femmes « artificielles » parce qu'elles se maquilleraient – enfin, dont on perçoit davantage les couches de matière !

Le visage frais comme la rosée du matin, elle adopte une « *skincare routine* » (routine de soins de la peau) censée ne demander aucun effort. En bref, on donne l'impression que le résultat est naturel, alors qu'il nécessite des heures de travail, tant au niveau de l'application de soins pour hydrater la peau, la récurer, enlever la moindre imperfection, qu'au niveau technique. En effet, après ce travail hygiénique de longue haleine, avoir attaché ses cheveux en arrière et mis ses bijoux en or, reste encore à appliquer la dernière couche de filtres – aussi matérielle que virtuelle.

De ce fait, aucune imperfection n'échappe à cette maniaque du contrôle. De même pour sa maison, lavée et rangée parfaitement. La très disciplinée *clean girl* surveille également de près son alimentation et l'évolution de son physique. Eh oui : « *Tu es ce que tu manges* », lance-t-elle à ses détracteurs.

Adieu boutons, points noirs, ridules, cicatrices, pores bouchés, sébum... Un grain de peau tout à fait lisse, dénué de texture, la caractérise. Ici, le naturel se confond avec l'artificiel, une beauté aseptisée, uniformisée tant elle est devenue commune et objet de retouches.

Malgré tous les efforts faits pour obtenir ce petit minois délicat tout droit sorti d'une pub pour un parfum de luxe, cette discipline a ses limites (voire ses travers). En 2022, l'étude américaine d'ActaBiomed dénonce la « *Zoom dysmorphophobie* » – rejet des défauts de l'apparence physique –, causée par l'utilisation des plateformes de visioconférence pendant la pandémie de Covid-19, et souligne les risques liés à l'idéalisation de l'image. Dès que la *clean girl* ferme l'application TikTok et met le nez dehors, vêtue d'une tenue dans les tons blancs ou beiges, elle est rappelée à la dure réalité par le moindre miroir.

Sous la lumière peu favorable du métro, on découvre vite les coups du pinceau ayant appliqué le fond de teint sur sa figure quelques heures plus tôt, la composition disparate de la peau. Sans les filtres embellissant les traits, elle n'est plus qu'une chair en peine, à la recherche forcenée d'un « moi » idéal, n'existant que dans le reflet de nos écrans. Une Narcisse des temps modernes, pataugeant dans l'eau saumâtre de son magnifique reflet perdu.

Naturellement belle, vraiment ?

Récemment, je suis tombée sur TikTok sur une vidéo amusante. Une jeune femme s'amusait à piéger son copain en lui montrant successivement des photos de femmes, toutes maquillées, dont certaines adoptaient un maquillage de *clean girl* très naturel. L'homme, plus qu'innocent et néophyte en la matière, est bien sûr tombé dans le panneau. Pour lui, les clichés de *clean girl* étaient tous ceux de femmes jolies au naturel, mises en opposition avec celles dont les coups de pinceau étaient plus visibles.

Ce test pour lequel les femmes sont incollables pourrait être également répété avec les actes de chirurgie et de médecine esthétiques.

Alors que les hommes ont tendance à critiquer le moindre morceau de peau ou de corps retouché, tant qu'ils ne s'aperçoivent pas du subterfuge, ça passe, sinon la femme en question passe pour surfaite, tricheuse, artificielle. Mais, dès qu'ils prennent conscience de la supercherie, elle perd tout de suite sa beauté, voire le respect que lui conféraient ses attributs quand ils étaient perçus comme naturels. « *Ah, elle est refaite ?* » et voilà que d'un coup, la déesse grecque est délestée de sa superbe, car plus admissible dans la catégorie « naturel ».

Mais ce constat n'est pas seulement inhérent aux hommes. Une amie me montrait, excitée par sa découverte plus qu'agréable pour l'ego féminin, un compte Instagram « Celebs without makeup », rappelant un peu les pages des magazines people des années 2000. Sur chaque publication, deux photos s'affrontent. L'une où la célébrité en question est jolie, retouchée, mise en valeur par sa tenue, son maquillage, sa coiffure, grand sourire aux lèvres. Puis, pour marquer le contraste avec une sournoise technique de clair-obscur, la même femme, battant le pavé le matin, en jogging/tongs, avec des cheveux gras noués en chignon, des boutons d'acné sur la tronche, le teint peu frais. Bref, une vision que chacun a vue de lui en lendemain de soirée ou en pleine gastro-entérite foudroyante.

Pourtant, ce visionnage intempestif de célébrités reconnues pour leur beauté, hissées en divinités creveuses d'écran, dans leur plus simple condition humaine, fait énormément de bien. Quel bonheur de constater que, derrière le popotin pêchu (que l'on sait désormais gonflé par un Brazilian Butt Lift) de Kim Kardashian, se cachent en réalité de la cellulite et une bonne culotte de cheval, visibles uniquement sur les clichés que les paparazzis prennent d'elle à la plage. Les stars scrutées sont bien entendu quasiment exclusivement des femmes.

C'est un plaisir coupable que l'on prend pour rassasier cette foutue rivalité féminine. Mon amie me montrait ce compte, triomphante, devant son conjoint, l'air de dire : « *Tu vois ! Cette fille n'est pas si parfaite naturellement...* » On s'en réjouit en chœur, mais en même temps, je me demande si je ne la ferais pas finalement, cette rhinoplastie tant convoitée. « *Quand même, le nez continue à pousser avec les années.* »

Le naturel, synonyme d'opulence et de vertu

Pendant quelques années, le *contouring*, ce style de maquillage jouant sur les effets d'ombre et de lumière pour restructurer le visage, popularisé par Kim Kardashian et son clan autour de 2010, est devenu la norme. En réaction à cette mode beauté, qui a eu tendance à uniformiser les visages (sourcils soulignés, œil allongé, nez affiné, lèvres pulpées à bloc, pommettes remontées et mâchoires sculptées), une autre a émergé. Le fameux *glow* de la *clean girl* au petit minois a l'air hypernaturel, frais, immaculé. Ici, fini les couches innombrables de fond de teint, de poudre, de coups de pinceau foncés et clairs. On préfère briller, avec de jolies lèvres couleur rosée du matin, pour se distinguer des femmes maquillées de façon plus outrageuse, à l'image des stars de téléréalité ou autres figures populaires, « maquillées comme des voitures volées », sans classe.

Un jour, alors que je me rendais à un événement Beauté d'une grande chaîne de parfumerie, une organisatrice m'a demandé si j'étais influenceuse ou journaliste. J'ai opiné du chef à la seconde réponse. Elle m'a dit : « *Ah oui, c'est vrai que les journalistes ne se maquillent quasiment pas, contrairement aux influenceuses.* » J'ai ainsi compris que subsistait une forme de hiérarchie entre les deux. Là où les journalistes beauté, plus respectées dans le milieu, sont « naturelles », les influenceuses apparaissent, elles, plus surfaites. Autrement dit, la distinction se fait entre le discret charme des personnalités du gratin médiatique et les traits tapageurs, trop visibles, de ceux qui se sont hissés à leur niveau de richesse par d'autres biais.

Dans un contexte où les journalistes ont snobé pendant longtemps les influenceurs, où ceux-ci se substituent parfois aux journalistes, cette différenciation esthétique me semble importante. En effet, elle en dit long sur les perceptions sociales liée à ces deux métiers, de plus en plus amenés à se rencontrer. Comme quand Léna Situations a raflé des interviews de star sur le tapis rouge cannois, place rêvée pour nombre de confrères et consœurs des médias.

Mais au fait, d'où vient l'injonction à être belle au naturel, de façon innée, sans montrer les efforts qu'il y a derrière (le fameux *effortless* très cher aux Parisiennes) ? Et pourquoi valorise-t-on davantage ce qui semble naturel – sans l'être tout à fait – que l'artificiel ?

Derrière cette injonction au naturel se cache surtout un besoin de recourir à des soins et produits de beauté aux prix exorbitants, également gourmands en matière de temps. Toutefois, cette beauté naturelle, sans filtre, dépasse l'aspect physique. Pour la cultiver, il faut à la fois jouer sur l'alimentation, l'eau que l'on ingurgite, l'activité physique et sportive, le sommeil, le temps devant des écrans, la pollution... Bref, il s'agirait quasiment d'une beauté de l'âme, une vertu intérieure, plus inaccessible au commun des mortels, qui demande de fait plus de temps et d'engagement. Et celle-ci ne date pas d'hier.

Durant la naissance de l'Empire romain, le poète Ovide disait déjà : « *Que votre amant ne vous surprenne pas avec vos boîtes étalées sur la table. L'art n'embellit la figure que s'il ne se montre pas.* » En d'autres termes, une femme doit être jolie sans dévoiler les artifices auxquelles elle a recours. De même pour le philosophe Socrate qui estimait que le maquillage était un mensonge visant à cacher la laideur. Longtemps après, au XIXe siècle, l'art du maquillage était peu considéré, puisqu'il était réservé aux femmes aux mœurs légères. Pendant cette période littéraire foisonnante, les auteurs romantiques privilégient le teint nu, immaculé, les robes blanches, les fleurs délicates et les mines virginales. La suite se trouve dans les bouches de nos mères et de nos grands-mères : « *Ne te maquille pas tant, c'est vulgaire !* »

Ainsi que dans les émissions de coaching beauté et mode de M6, où Cristina Cordula nous apprenait qu'un maquillage réussi, « *c'est soit la bouche, soit les yeux. Pas les deux !* ».

De tout temps, le fait de se maquiller excessivement a été perçu comme déraisonnable, peu vertueux, digne d'une marie-couche-toi-là (une pute, en gros). Au lycée, il fallait veiller à ne pas trop se maquiller et à bien savoir tracer ses traits, au risque d'être catégorisée comme allumeuse. La beauté réside dans le fait de montrer sa beauté grâce à des artifices, sans les exposer trop brutalement à l'œil masculin, finalement.

Preuve en est, le verbe « maquiller » provient du mot picard « maquier », signifiant « faire » et « feindre », comme pour dissimuler sa vraie bouille aux autres, voire les tromper sur la marchandise.

Toutefois, avec la libération des corps et la popularisation du maquillage promue par les stars d'Hollywood, celui-ci tend à prendre une nouvelle place chez la gent féminine. De plus en plus considéré comme un art à part entière, il se développe à une vitesse folle et permet à des générations de femmes d'exprimer leur créativité et de revendiquer leur identité.

La coquette

Nymphette faussement assagie

Ruban pâle dans les cheveux, collier ras de cou noir avec petit cœur en pendentif, cache-cœur rose poudré telle une danseuse étoile, le personnage de Priscilla, jeune épouse d'Elvis Presley – elle a 14 ans lorsqu'elle le rencontre, lui 24 –, est l'héroïne du dernier film éponyme de Sofia Coppola.

Une adolescente sous l'emprise du King, représentée par cette esthétique glamour, tout en soie et faux cils des années 50, qui résonne étrangement avec cette drôle de mode adoptée par certaines jeunes femmes d'aujourd'hui. Ces dernières se mettent en scène en robes Vichy taille 10 ans, avec couettes et moue faussement innocente. Leurs hashtags : #nymphette et #coquette.

Dans ces vidéos TikTok, ces jeunes filles délicates, souvent à la peau laiteuse légèrement rosée, arborent des tenues tout droit sorties du vestiaire d'une petite fille. Petits rubans au bout des tresses, col Claudine en dentelle, robe nuisette et sac à dos en forme de nounours, cœurs au-dessus de chaque lettre « i » écrite sur du papier à lettres blanc et rose imbibé de parfum Miss Dior. La nymphette romantise l'infantilisation des femmes et la sexualisation des petites filles, tout en s'en défendant. En grec ancien, le terme « nymphe » signifie « jeune fille », « promise ». Il définit aussi les petites lèvres de la vulve.

Dans *Lolita* (1955), l'écrivain russe Vladimir Nabokov donnait, par la voix du narrateur, une autre définition du terme « nymphette » pour décrire les dérives de son héros quadragénaire, qui fait d'une enfant de 12 ans, fille de sa compagne, l'objet de son désir tout en se présentant comme une victime : « *On trouve parfois des jeunes vierges entre les âges limite de 9 et 14 ans, qui révèlent au voyageur ensorcelé leur nature véritable, qui est nymphique, c'est-à-dire démoniaque.* »

Dans l'adaptation par Stanley Kubrick en 1962, l'affiche du film joue clairement sur le côté tapageur du personnage. On y voit Lolita (Sue Lyon), regard provocateur sous ses lunettes rouges en forme de cœur, léchant une sucette rose, telle l'Annie (France Gall) de Serge Gainsbourg et sa sucette

à l'anis. Désormais, la Lolita 2.0, en adoptant un univers proche de celui d'*Alice au pays des merveilles*, paraît plus sage en apparence. Avec ses chaussettes blanches à froufous, ses petites ballerines et son bustier push-up, la nymphette au style bourgeois et raffiné n'en devient que plus sulfureuse.

Sur Tumblr, elle a connu son moment de gloire en 2014. Mais, en 2018, la plateforme de microblogging anonyme « purge » et efface tous les contenus pornographiques, notamment ceux mettant en scène des mineurs. Le mot-dièse affilié à cette communauté est interdit. La nymphette noue alors son baluchon pour se rendre sur TikTok et se renomme la « coquette », un terme qui renvoie à ce rôle récurrent dans le théâtre du XVIIe siècle, telle la Célimène du *Misanthrope*. Il définit une jeune femme manipulatrice, cœur sec et tête froide, qui se plaît à jouer de ses charmes auprès de la gent masculine, sans jamais se donner entièrement. La coquette de 2024 s'affiche comme romantique, avec une féminité à l'ancienne revendiquée (corsets et perles), aimant boire du thé devant un bon bouquin, façon Bridgerton.

Depuis, le #coquette compte désormais 20,1 milliards de vues sur TikTok, bien plus que les 32 millions de vues de la #nymphette. Une belle opération de dédiabolisation.

Le twink

Cet éphèbe androgyne objet de fantasmes

L'homme nouveau est arrivé. Haut-de-forme et veste en velours grenat, l'acteur franco-américain (et fan du club de foot de Saint-Étienne) Timothée Chalamet incarne dans *Wonka* le jeune héros idéaliste et fantasque tiré du célèbre roman de Roald Dahl, *Charlie et la chocolaterie*. Depuis son rôle d'adolescent amoureux d'un homme plus âgé dans *Call Me by Your Name* (2018), le sex-symbol de la génération Z, qui chahute les codes de la virilité, a aussi été sacré « saint patron des *twinks* » – soit « prince des minets » – par la communauté gay. Son imitation d'une autre célèbre figure *twink*, le jeune chanteur Troye Sivan, lors d'un sketch au *Saturday Night Live*, le 11 novembre 2023, montre que l'acteur, en couple avec Kylie Jenner, assume parfaitement cette image d'éphèbe androgyne.

L'appellation « *twink* » définit aujourd'hui un jeune homme homosexuel, d'une blancheur virginale, au corps androgyne, imberbe, fin, sans musculature développée. Toutefois, l'origine de ce terme est floue. À la base, on trouve un détournement de l'acronyme de « *Teenage, White, Into No Kink* » : adolescent blanc à la sexualité conventionnelle. Avec ses traits enfantins et son air candide de jeune premier, le *twink* est probablement le plus grand objet de fantasme gay, très apprécié des hommes plus âgés, appelés « *daddys* ». En anglais, « *twinkle* » désigne également l'éclat, le fait de scintiller. Pour certains, *twink* serait lié à « *twank* », terme de l'argot anglais des années 20, qui désignait le client d'un homme prostitué. D'autres l'associent aux « *twinkies* », ces fines génoises fourrées à la crème, en référence aux hommes gay efféminés qui adoptent le rôle du « *bottom* » (« passif »). Le récent single *Bloom*, de Troye Sivan, a d'ailleurs été perçu comme un hymne au « *bottoming* ».

Dans les années 90, la figure du minet fait florès dans la mode ainsi que sur les sites pornos gay, et jusque dans les nouvelles industries culturelles. Dans les jeux vidéo en ligne, la notion de « *twinker* » est apparue lorsque des joueurs cherchaient à suréquiper un personnage secondaire afin de faciliter son accès aux niveaux supérieurs. Le terme a ensuite été popularisé grâce au succès phénoménal de *World of Warcraft* (2004). On l'utilise alors pour qualifier un personnage nouvellement créé, de faible niveau, dénué d'expérience (ou « XP », pour les intimes).

Dans la vie réelle, ce grand fan de Lana Del Rey regarde en boucle les clips de la chanteuse, dans lesquels elle incarne une lolita éperdument amoureuse d'un homme beaucoup plus âgé qu'elle, comme dans celui de *West Coast*. Mais, comme pour la figure de la lolita, pourquoi la question de l'âge ne se poserait-elle pas également ici ? Un de mes amis gays, qui fréquente des hommes mûrs depuis ses 16 printemps, me disait en riant qu'il devait cette attirance à ses « *daddy issues* », version féminine du complexe d'Œdipe.

Rester jeune, beau et mince est une préoccupation majeure pour cet éphèbe, le poussant parfois jusqu'aux troubles du comportement alimentaire, parce qu'il sait sa popularité liée à son apparence physique. À l'approche de la trentaine, gare aux premières ridules. Car dès qu'il sera devenu un *twunk*, un *twink* plus âgé, cet objet de convoitise regrettera la cote de popularité phénoménale de ses 20 ans.

La mort du *twink* tombe en effet comme un couperet dès les premiers signes de maturité. Autour de 2015, les premiers à l'évoquer pour décrédibiliser les gays sont les masculinistes de 4chan. Puis, début 2023, sur X, la tendance du #twinkdeath émerge quand un utilisateur poste deux photos de l'acteur Leonardo DiCaprio, jeune et plus âgé, accompagnées d'une légende tranchante : « *La mort du twink est quelque chose de terrifiant.* » Dans ses jeunes années, la star de *Titanic* – qui ne s'affiche jamais avec des femmes de plus de 25 ans – incarnait cet idéal du minet. Désormais, il est hors catégorie. Comme le chante si bien Lana Del Rey dans *Young and Beautiful* : « *M'aimeras-tu encore quand je ne serai plus ni jeune ni jolie ?* »

La sad girl

Jeune fille en pleurs des années blog

Jeune et jolie, douce et fragile, peau blanche et joues rosées, la *sad girl* ressemble à une fleur dont les pétales s'ouvrent délicatement. En une vingtaine d'années, ce personnage s'est imposé comme l'une des figures majeures du web. Des milliers de jeunes filles posent au-dessus d'un hashtag #sadgirl, avec un look et des codes bien précis.

D'une pureté inouïe, telle une Vierge immaculée, cette princesse-là ne vit pas un conte de fées. « *Derrière ce sourire se cache une vraie souffrance* », tel est le mantra de cette écorchée vive. Avec ses photos en noir et blanc et ses citations qui évoquent la réalité sombre de sa vie, que personne ne peut comprendre, la *sad girl* aime faire parler d'elle.

Nous sommes au début des années 2000, avant l'avènement de Facebook, sur la plateforme Skyblog, depuis fermée. À l'époque, en France, la plupart des collégiens et des lycéens possèdent un – voire plusieurs – blog sur ce réseau social lancé par la radio Skyrock. On pouvait en avoir un consacré à notre groupe de musique préféré (probablement à Tokio Hotel ou à Avril Lavigne si vous avez à peu près mon âge), un autre à nos amis, un dernier plus secret...

Pour des jeunes en pleine crise d'adolescence, ou en détresse, Skyblog s'est révélé un sacré lieu d'expression de soi. Filles comme garçons y racontaient à cœur ouvert les affres de leur quotidien. C'est ici que la *sad girl*, cette fille résolument déprimée, mal dans sa peau et rongée par ses pensées sombres, venait extérioriser toute cette souffrance. Depuis, ce personnage fictif s'est exporté vers les nouveaux réseaux sociaux. Sur TikTok, le #sadgirl compte déjà plus de 13 milliards de vues.

Délicate, vêtue de longues robes blanches, très girly. Un peu comme les cinq sœurs de la famille Lisbon de *Virgin Suicides*, le premier long-métrage de Sofia Coppola, sorti en 2000. Incarnée par Kirsten Dunst, Lux a 14 ans et veut se suicider. Elle et ses sœurs, quasiment confinées à la maison par leurs parents religieux très stricts, s'ennuient dans des positions lascives, sous une lumière blanche qui met en avant la pureté de ces mystérieuses jeunes premières. Dans le film, on suit un groupe de garçons qui les admirent passionnément, se demandant comment les sauver de leur lassitude. Leur corps est scruté, suivi et obsédant pour tous les protagonistes masculins. Finalement, une à une, les sœurs finiront par s'ôter la vie en s'étouffant avec du monoxyde de carbone, en prenant des somnifères, par la pendaison... Un tableau familial sordide.

La Tumblr girl

Quand la mélancolie féminine se rebelle

Grande romantique, la *Tumblr girl* est cette âme en peine qui aime se raconter en mélangeant le tragique et le lyrique. Elle se photographie en train d'écrire, de peindre avec sensualité... souvent dans une fièvre artistique. Car oui, la *Tumblr girl* – qui tire son nom de la plateforme de microblogging créée en 2007 – aime que sa souffrance ne soit pas vaine ! Parfois, elle se met en scène en train de pleurer, avec des effets vintage pour sublimer le moment. Tee-shirt à l'effigie d'un groupe de rock, Dr Martens aux pieds, vernis à ongles noir, legging à effet galactique : son style mâtiné de « *soft*

grunge » lui donne un côté rebelle. Moins sage que la *sad girl*, sa grande sœur du début des années 2000, elle bouscule ainsi davantage les codes.

Sa cheffe de file ? La chanteuse américaine Lana Del Rey, 39 ans, qui joue sur l'esthétique rétro. Dans ses chansons, elle aborde l'amour passion, l'amour impossible, celui qui transcende et brûle, la souffrance, la tristesse. Parfois, ses paroles ont pu choquer, comme dans *Ultraviolence* quand elle susurre « *He hit me and it felt like a kiss* » (« Il m'a frappée et ça m'a paru être un baiser »). Cette aficionada des années 50 et 60 continue d'influencer toute une génération de femmes (et d'hommes, comme on l'a vu avec le *twink*), avec ses couronnes de fleurs, ses yeux de chat tirés à l'eye-liner et des pièces vestimentaires vintage.

Jeune femme, blanche le plus souvent, gracile, à la mine triste, la *Tumblr girl* explose sur les réseaux sociaux en 2014. Cette année-là, la plateforme est alors en vogue, utilisée secrètement par de nombreux collégiens et lycéens à travers le monde. Tous postent, sous pseudonyme, leur spleen adolescent. À l'occasion de la pandémie de Covid-19 et des confinements successifs, le phénomène est relancé par des nostalgiques de ces années-là. Sur TikTok, cette fois, où le #tumblrgirl affiche désormais près de 625 millions de vues.

Dans les années 2010, Tumblr permet de partager à l'envi des photomontages, de la musique, des citations, des pages de livres. Les jeunes y trouvent aussi un espace pour aborder des thématiques plutôt taboues : homosexualité, prise de drogue, troubles du comportement alimentaire, troubles dépressifs, pensées suicidaires. Certains thèmes, pourtant graves, sont même glamourisés à l'excès – ainsi d'une photo d'un poignet ensanglanté par une lame de rasoir.

De fait, la *Tumblr girl* a romantisé la mélancolie féminine. Dans le clip de son morceau *Tumblr Girls* (2014), le rappeur américain G-Eazy – ex-compagnon d'une autre célèbre figure de ce mouvement, la chanteuse Halsey – dépeint un même type de femmes, toujours grandes, minces, séduisantes, aux postures lascives et au visage éploré, cigarette aux lèvres. Alors que nombre de femmes aspirent à ressembler à cette frêle poupée « goth », censée être forte mais qui se révèle très fragile, trop d'hommes encore désirent la sauver de ses démons.

Chapitre 4

Un corps féminin à soi

Pourquoi autant d'archétypes féminins en «*girl*»?

Si vous m'avez lue jusqu'ici, vous n'avez pas pu passer à côté de quantité d'archétypes féminins. Mais vous aurez noté aussi le nombre de personnages dont le substantif «*girl*» fait partie du nom. *Clean girl, sad girl, Tumblr girl*... on ne les dénombre plus tant elles sont partout, pour définir à la fois l'idée de jeunesse éternelle (voir chapitre 3) et de beauté innée. Sur plus de cinquante sociotypes étudiés, une bonne dizaine possèdent ce nom plus qu'intéressant à mon sens. Pourquoi ne pas avoir choisi «*women*» à la place? Trop long, ça claque moins. Et peut-être aussi que ça renvoie à une fourchette d'âge trop large, pas assez spécifique.

Les archétypes avec «*girl*» collé ont tout le temps – si ce n'est exclusivement – des caractéristiques physiques s'insérant totalement dans les critères de beauté en vogue. Ces femmes, souvent blanches, s'objectifient de manière à s'hypersexualiser, tout en mettant en avant une douceur de vie. Mais aussi une richesse aussi bien intérieure (philosophie, bien-être) qu'extérieure (vêtements, voyage, lieu de vie, façon de se nourrir...).

Une forme de classisme peu étonnante

D'après une enquête du média *The Intercept* parue en 2020, l'algorithme de TikTok tend à censurer les posts d'utilisateurs jugés «*laids*», mais aussi «*pauvres*», grâce à la reconnaissance faciale biométrique, qui attribue un score de beauté caché. Le but? «*Inspirer*» de nouveaux utilisateurs, attirés par les contenus présents en ligne, pour qu'ils rejoignent le réseau social. De ce fait, sur la plateforme chinoise, les plastiques sont toujours plus remarquables, améliorées à coups de filtres structurants, de plus en plus difficiles à repérer sur le visage comme sur le corps, et de retouches. En trois secondes, on peut blanchir ses dents, lisser sa peau, etc. Ainsi sont mises en avant la beauté, la jeunesse, la minceur. De là vient peut-être la popularité de tant de personnages en «*girl*».

Au fur et à mesure de l'écriture de ce livre, j'ai développé une grille de lecture liée aux diktats de beauté. À tel point que ce prisme d'analyse est devenu une passion pour moi. Pendant longtemps, les diktats de beauté ont été la chasse gardée des magazines dits féminins. Il n'était pas rare de voir, chaque année avant l'été, des couvertures culpabilisantes, incitant la gent féminine à reprendre le contrôle de soi, à perdre du poids rapidement, à tout faire pour plaire aux hommes. Bercée par ces magazines ainsi que par la presse people et la téléréalité, je n'ai pas échappé non plus au traitement sexiste de ces supports dont j'essaie désormais de m'emparer.

Dans son livre *Quand la beauté fait mal*, paru en français en 1991, l'autrice féministe américaine Naomi Wolf observe que, à mesure que les femmes obtenaient plus de droits et de libertés, les standards de beauté ne faisaient que peser davantage sur elles. Autrement dit, étant donné que nous n'avons plus besoin de mari pour être considérées socialement et devenir financièrement indépendantes, il nous faut en faire toujours plus pour correspondre à des attentes de beauté strictes. C'est ce qu'elle appelle la « troisième journée de travail », celle où l'on s'astreint à se lever tôt pour faire du yoga, où l'on file à la salle de sport pendant sa pause déjeuner plutôt que de lire un bouquin au soleil. Ou celle où l'on préfère prendre une salade fade au McDo plutôt qu'un bon Big Mac dégoulinant. Ici, la beauté est considérée comme quelque chose qui se travaille, s'entretient et se paie – *spoiler alert* : cher. Et cet investissement global que l'on peut se permettre en ayant déjà un capital économique se fait par petites touches puisque l'on morcelle le corps, comme l'a toujours très bien fait la publicité en montrant des gros plans de lèvres pulpeuses, de poitrine haute et ronde, de jambes longues comme des lianes, de ventre plat... Les archétypes que vous vous apprêtez à découvrir dans ce chapitre ne font que confirmer cette tendance imposant un physique de plus en plus restrictif, uniforme, qui ne fait qu'évoluer rapidement et générer de la frustration et du mal-être chez les femmes. Vous pensiez que dans les années 2020, la technologie avancée des réseaux sociaux nous permettrait de nous libérer de ces injonctions ? Que nenni, elle n'a fait que les amplifier et les rendre plus cruels encore.

Le soft porn, *ou le doux porno d'Instagram*

Si l'on devait imaginer ce que serait la plateforme actuelle dans notre vie d'avant les réseaux sociaux, Netflix serait le cinéma. WhatsApp, la cabine téléphonique. YouTube, la chaîne hi-fi. Et Instagram, le site pornographique 2.0.

Pour cause, depuis qu'Instagram, né en octobre 2010, s'est massifié au cours de cette même décennie, devenant en 2016 une plateforme de divertissement ouvertement mercantile investie par des influenceurs, les codes ont largement évolué. Finies, les photos de paysage mélancolique agrémentées d'un filtre sépia. Depuis, le selfie et les *ring lights* – ces anneaux de lumière permettant de se prendre en photo en autonomie – sont de rigueur. Désormais, place à soi-même. Pour développer une communauté et la maintenir, il faut que les créateurs de contenus quels qu'ils soient puissent faire rêver, tout en gardant une certaine authenticité. Celle-ci se matérialise par ce qu'on appelle l'« extimité », soit la contraction d'« intimité » et d'« extérieur ».

L'extimité se matérialise de différentes manières. On se montre en pleurs face caméra après une rupture amoureuse, la goutte au bout du nez rouge. Au début d'une idylle prometteuse. Ou encore en train de jouer avec ses enfants. Bref, il s'agit d'extérioriser son intimité aux yeux de tous, histoire de gagner en sincérité et de montrer que finalement, on est un peu Monsieur et Madame Tout-le-monde.

Il n'empêche que ce phénomène possède quelques travers. En effet, pour choisir ce qui est mis en avant sur les réseaux sociaux, l'algorithme privilégie souvent les peaux nues, les poses lascives et les tenues sexy. Personnellement, quand j'ouvre Instagram ou TikTok, je tombe très souvent nez à nez avec une femme séduisante en maillot de bain ou en tenue d'intérieur, à la limite du *nude* (photo érotique), que je ne suis pourtant même pas. Ce contenu m'est suggéré, à moi comme à beaucoup d'autres, par effet algorithmique. De ce fait, la pornographie douce, plus couramment dénommée *soft porn* en anglais, est partout. Selon une étude allemande initiée par Algorithm Watch en 2020, l'intelligence artificielle qui modère le réseau Instagram priorise bel et bien les contenus de personnes très légèrement vêtues, torse nu pour les hommes et en bikini ou en sous-vêtements pour les femmes. Après avoir analysé 2 400 clichés, les chercheurs constatent que les photos sexy ont 54 % plus de chances d'apparaître dans le fil d'actualité de l'application.

Un de mes amis m'avouait récemment qu'il n'a plus vraiment besoin de se rendre sur des sites pornographiques pour assouvir ses besoins sexuels, puisqu'il a Instagram à la place, à portée de main. Par ce biais, il a la sensation de créer une relation plus intime avec la mannequin Emily Ratajkowski ou qu'avec une star du X qu'il verrait sur PornHub.

Mais ce phénomène du porno doux touche bien plus que les stars. Nombre de créatrices de contenus, qu'elles soient influenceuses ou simples utilisatrices lambda, mettent en avant leur plastique, légèrement dévoilée, avec une moue boudeuse, pour gagner des « J'aime ». Mais aussi parce qu'elles ont la sensation que c'est ce qui est attendu implicitement d'elles, finalement (voir entretien avec le sociologue Joseph Godefroy, plus loin dans le chapitre, pour comprendre comment les influenceuses fitness doivent mettre en avant leur popotin et le sexualiser).

Le problème ? Sur les réseaux sociaux, rien ne s'efface jamais réellement. Une fois publiée, une photo peut voyager dans le monde entier et faire l'objet de réappropriations multiples, parfois sombres, pour lancer un compte de photos « très exclusives » OnlyFans et faire de l'argent grâce à l'image d'une parfaite inconnue. Et beaucoup de femmes ayant des profils publics sur les réseaux sociaux font face à un cyberharcèlement de taille parce qu'elles mettent en avant leurs courbes. Ah, la bataille de l'attention !

Bien que la nudité explicite soit officiellement interdite sur Instagram, il existe nombre de façons de contourner cela, notamment par des moyens censés être féministes. C'est ce que font certaines jeunes mamans. Sous couvert d'exécuter un geste plutôt anodin, accepté par Instagram, celui d'allaiter, elles contournent les outils automatisés de modération. Et tant pis si les bébés en question sont quasiment tout le temps des poupons en plastique. Sous forme de « tutoriels d'allaitement » à visée éducative, il s'agit d'une vitrine de pornographie lisse, destinée à ensuite vendre du contenu érotique sur des applications spécialisées comme Mym ou OnlyFans. Intelligent.

Les aesthetics

Entre créativité débridée et hyperconsommation

On ne peut parler des archétypes du numérique sans revenir sur ce qu'on appelle les *aesthetics*. Il s'agit d'esthétiques créées de toutes pièces, en recourant à des inspirations diverses et variées recueillies sur le Net, pour créer une sorte d'état d'esprit joli, contemplatif, qui va lui-même être repris et voyager par la suite. Un peu comme le mème, l'*aesthetic* n'appartient à personne, elle fluctue et s'adapte, jusqu'à en inspirer de nouvelles, et à en voir naître d'autres en opposition. Par exemple, derrière la *clean girl* à la beauté censée être naturelle et simple, on trouve la *soft girl*, plus tech, artificielle et kawaï.

Une esthétique en chasse une autre. Depuis quelques années, on ne compte plus les nouvelles tendances, voire microtendances, qui explosent toutes les semaines. De contre-culture émergente, elle devient souvent culture dominante, mute en plusieurs sous-cultures... Ces esthétiques sont très présentes sur les *moodboards* de Pinterest, sur Instagram, ou encore TikTok. C'est de celles-ci que vont découler nombre de sociotypes. Eux-mêmes vont spontanément créer des incarnations personnifiées. Ensuite, celles-ci prennent la forme d'un personnage archétypal, au point d'engendrer, telles des influenceuses générées par l'IA, suivies par des milliers d'abonnés, des communautés, sous-communautés.

Nombre de ces esthétiques fantasment une vision de la féminité archétypale, pensée à travers des schémas très genrés et patriarcaux. Par exemple, la très sexy *Tumblr girl* aura un petit côté grunge, rebelle, garçon manqué, pour se différencier de sa grande sœur la *sad girl*, plus florale, douce et mignonne. Pourtant, la *Tumblr girl* ne s'éloignera jamais vraiment de ce qui est attendu d'elle en tant que femme : être jolie, féminine et sexy.

Sur TikTok, une catégorisation en fruits et légumes des jeunes femmes m'intrigue. Elle se découpe ainsi :

blueberry girl : myrtille, vichy bleu et blanc, côté mélancolique ;
strawberry girl : vichy rouge et blanc, fraise, nœud rouge dans les cheveux, plus romantique, baiser avec rouge à lèvres rouge sur une lettre ;
onion girl : blanc et vert, plus lié à la nature et à la sobriété ;
tomato girl (la plus connue) : dans un style méditerranéen, pittoresque,

proche de l'Italie, incarnant la douceur de vivre et passant devant les étals de tomates fraîches, rose rouge dans les cheveux.

Ici, comme dans un test bancal sur internet pour savoir quel personnage de *Desperate Housewives*, des Spice Girls ou des princesses Disney on est, on se range dans une case, ou plutôt dans une microcommunauté plutôt absurde, basée sur aucun fondement. Au-delà de créer un groupe, cet esprit communautaire sert surtout des objectifs mercantiles, puisque l'on veut toujours les pièces issues de l'imaginaire de la dernière microtendance en vogue. Du consumérisme de la romantisation de son quotidien, sorte de rêve éveillé qu'on vit en consacrant son attention à la consommation d'images, puis de produits. Un phénomène né sur les réseaux sociaux, qui va également de pair avec les productions culturelles en général. Par exemple, quand la minisérie Netflix *Le Jeu de la dame*, en 2020, met en scène une jeune championne d'échecs incarnée par Anya Taylor-Joy, les ventes d'échiquier bondissent en France comme aux États-Unis selon BFM TV. Puis, quelques semaines plus tard, elles retombent comme un soufflé. L'effet algorithmique des plateformes ne nous aide évidemment pas à éviter de tomber dans ces pièges consuméristes.

Malgré tout, je ne peux m'empêcher de défendre ces *aesthetics* que je trouve, comme beaucoup de mes semblables, inspirantes. C'est d'ailleurs pour cela que je passe beaucoup de temps sur TikTok, enfermée dans une sorte de bulle protectrice pleine de jolies choses, remplie de créativité.

J'ai toujours aimé m'habiller différemment selon les jours, me vêtir « à la manière de » tel personnage ou « comme dans » telle œuvre cinématographique. Je trouve que cela relève à la fois du déguisement et de l'affirmation de son identité. Et qu'une tenue permet de mettre en scène la confiance en soi, de théâtraliser un moment de vie d'une certaine manière. On joue avec les esthétiques que l'on superpose et remixe à l'infini. « *Nous sommes une génération à la créativité hyperdébridée. Là où hier on avait un vivier de création, on en aura dix aujourd'hui pour créer quelque chose de complètement nouveau* », résume Brune Ouakrat, responsable de la stratégie de marque chez Peclers, un cabinet de tendances.

#thatgirl

Cette stakhanoviste obsédée par la performance

La productivité a fasciné de tout temps. On admire celles et ceux qui se lèvent tôt, gagnent beaucoup d'argent, concrétisent des rêves a priori impossibles à réaliser. Parmi les Elon Musk, The Rock et compères, un modèle de réussite plus féminin a émergé sur les réseaux sociaux.

Derrière la *fitgirl*, la *girlboss* et nombre d'archétypes du numérique comprenant le substantif « *girl* » dans leur nom, se trouve également #*that girl* (cette fille, en français).

Au début de la décennie 2010, cette esthétique ou archétype envahit les réseaux sociaux de toutes les femmes sans avoir de nom. Pendant la pandémie de Covid-19, alors que chacun est confiné, le #*that girl* devient viral au moment où l'on prend soin de soi et de sa santé mentale. Au point de regrouper plus d'1,3 million de publications sur TikTok, bien qu'on la trouve également sur YouTube et le *moodboard* Pinterest.

Chaque matin, *that girl* se réveille tôt, fait son lit, commence une séance de yoga avant de passer à la douche et de réaliser sa *skincare routine*. Puis elle prend un petit déjeuner composé d'un *açaï bowl* en lisant un bon livre et boit un verre d'eau citronnée ainsi qu'un jus de céleri. Ensuite, elle s'assied à son bureau et écrit ses objectifs de la journée, confie pourquoi aujourd'hui elle doit être heureuse (« *Today I'm grateful because...* »), des activités de développement personnel pour être bien mentalement. Et cela va se poursuivre toute la journée, puisqu'elle étale l'ensemble de ses activités et performances – toxiques – partout en ligne. Comme si nous étions son journal intime, finalement, à qui ce porno de la performance devait prouver beaucoup de choses en rendant sa journée spectaculaire.

Finalement, elle s'attelle à remplir le cahier des charges exigé par le marché : entrer dans les normes dominantes de beauté, avoir l'air jeune, peu importe son âge, être dans l'autodiscipline, la réussite et la performance. *Lifestyle, workout*... tout prend une dénomination amusante et anglophone (aux oubliettes l'austère exercice physique !) qui incite davantage à l'autocontrôle, afin d'optimiser sa performance globale – comme on le ferait dans une entreprise après avoir mené à bien un audit.

Si beaucoup de ces activités sont plutôt communes à la terre entière, comme le fait de prendre une douche, *that girl* a une façon bien à elle de glamouriser sa journée. Pour ce faire, elle use de l'ASMR (pour *autonomous sensory meridian response*, désignant la relaxation produite par des bruits au pouvoir quasi-hypnotique), ces bruits agréables à l'oreille, ainsi que de plans courts à l'esthétique minimaliste pour que ses vidéos soient rythmées. Souvent blanche et possédant un statut socio-économique plutôt favorable selon ce que révèlent ses vidéos, son mode de vie n'est donc pas accessible à tout le monde.

Chez *that girl* et ses dérivés, le sociologue Joseph Godefroy observe un parallèle entre une certaine autonomie dans le travail et l'intensification de celui-ci. Nous sommes dans une rhétorique entrepreneuriale de soi, où l'on doit faire toujours plus par nous-mêmes. Pour cause, en promouvant des contenus liés à une productivité, censés inspirer et motiver les autres, on institue un modèle de désirabilité quasi militaire, toujours dans une uniformisation certaine des rôles de genre. La femme cuisine, s'entraîne, fait en sorte d'être jolie en toutes circonstances et saine à tous niveaux.

Derrière cette routine millimétrée, ces créatrices de contenus cherchent surtout à incarner une image d'elles valorisant l'autodiscipline pour inciter d'autres à devenir « la meilleure version » d'eux-mêmes. Mais aussi et surtout, à vendre des produits liés au bien-être et au soin, comme des sachets de thé amaigrissant, des produits de beauté, du maquillage, des programmes de fitness, des boissons énergisantes... À force de reproduire la même routine que son influenceuse préférée, on devient un clone indistinct de cette masse de stakhanovistes de la performance, en quête de validation sociale et d'amélioration de soi.

Glow up

L'injonction à s'améliorer

Le 13 janvier 2024, Miley Cyrus sort le clip de sa nouvelle chanson, *Flowers*, sur sa déception amoureuse. Miley s'est certes séparée, mais elle a l'air d'aller bien mieux qu'avant, dans sa robe dorée étincelante. Les internautes mettent alors en ligne des centaines de montages pour célébrer le *glow up* de la starlette de Disney.

Partout pullulent des photos d'elle avant-après. Sur une publication, on aperçoit la toute jeune Miley, dans le clip de 2013 de *Wrecking Ball*, dire à son futur mari – devenu son ex – : « *Je te voudrai toujours.* » Et juste après, Miley, 30 ans, désormais divorcée, chantant une ode virevoltante au célibat et à l'amour de soi. La séquence est déjà culte.

Le *glow up* ? Une montée en gamme de soi-même. L'expression est une contraction de *glow* (« briller ») et de *grow up* (« grandir »), que l'on pourrait traduire par « s'améliorer », « s'embellir ». C'est devenu un verbe, voire une injonction : « *Comment glow up en 10 étapes* », peut-on lire partout en ligne. En 2014, le #gloupchallenge (sans *w*) explose sur les réseaux sociaux, avec des photos montrant l'évolution de personnalités, comme Kylie Jenner, la demi-sœur de Kim Kardashian, boostée à la chirurgie esthétique. Des jeunes postent un montage de photos d'eux au moment où ils étaient mal dans leur peau, souvent à l'adolescence, et d'une photo récente, preuve de leur métamorphose.

En nous faisant pousser des « ah » de satisfaction, ces contenus scénarisés, symboles de succès intimes, associent un état psychologique supposé à une validation visuelle. Aller mieux, ça doit se voir. Un peu comme dans les émissions de décoration, de coaching vestimentaire, de rénovation de logement où, avec force effets étincelants, la transformation radicale semble être le résultat conjoint d'une volonté opiniâtre et d'un coup de baguette magique.

Sans surprise, les *glow up* de personnalités ayant recours à une opération de chirurgie esthétique se sont multipliés. Selon l'article R. 4127-19 du

Code de la santé publique, en France, les chirurgiens n'ont pas le droit de réaliser de publicité pour leur métier... mais les clients s'en chargent à leur place en partageant des photos stupéfiantes d'avant-après.

Ces contenus prolifèrent parce qu'ils continuent d'inspirer. Qui ne rêverait pas d'être la meilleure version de soi-même ? Faire du sport, manger sainement, avoir les fesses de Jennifer Lopez... La liste n'en finit jamais, avec une vision toujours plus calibrée des femmes. Mais les hommes ne sont pas en reste. « *Pardon, mais t'es pas mon genre* », lit-on sur plusieurs posts TikTok, avec une photo « avant » d'un prépubère à la peau acnéique et au visage rondouillet. Puis vient l'« après » de l'éphèbe au physique ravageur : teint devenu radieux, sublimé par un filtre, et tiré à quatre épingles. Un clair-obscur dont les réseaux regorgent. Sur TikTok, le hashtag #glowup compte plus de 75 milliards de vues et il continue de promouvoir une injonction à toujours être meilleur que la veille, tant physiquement que mentalement.

Pour cause, les utilisateurs évoquent dans leurs posts comment ils ont surmonté des situations difficiles, comme des ruptures amoureuses, du harcèlement scolaire, une transition de genre. Parfois, ils assument d'avoir été motivés par la vengeance (« *Glow up et fais-le pleurer* »). La promesse ? Être plus heureux par la reprise en main de son corps et l'adoption de bonnes habitudes, et le faire savoir. Ce phénomène s'inscrit dans une approche visuelle du développement personnel, liée à d'autres challenges déjà vus (#thatgirl, #summerbody), qui peuvent renforcer des troubles mentaux comme la dysmorphophobie. Car gare à ceux qui passent à côté de l'« illumination ». Récemment, la chanteuse Selena Gomez a pris du poids en raison de problèmes de santé. Le #glowdown ne l'a pas épargnée. Mais ce n'est pas grave, puisqu'elle n'a jamais été aussi rayonnante de sa vie.

La chute de Kylie Jenner, grande victime des standards de beauté toxiques

À trop vouloir rapiécer son corps en taisant la réalité du bistouri, Kylie Jenner, 27 ans, icône des années 2014-2022 environ, s'est brûlé les ailes. Quand la jeune femme aux quasi 400 millions d'abonnés Instagram apparaît en train de pleurer au chevet de sa sœur Kendall à cause de la pression et des remarques qu'elle reçoit sur son physique, dans la série de téléréalité *Les Kardashian*, la séquence buzze. « *Je pense que ce n'est pas normal de commenter le physique de quelqu'un. Les gens critiquent le mien depuis que j'ai 12 ans, 13 ans. Et c'est blessant d'entendre que j'ai l'air vieille tout le temps* », regrette celle qui a toujours été désignée comme « la sœur la moins jolie », harcelée par les internautes et la presse people depuis son plus jeune âge. Une séquence censée relever du registre pathétique qu'internet va pourtant voir d'un tout autre œil.

Pour beaucoup, Kylie et son clan Kardashian-Jenner ont imposé un physique de rêve complètement irréaliste, qui a détruit la perception et l'estime de soi de toute une génération de jeunes femmes. Et ce, dans l'objectif de lancer nombre d'affaires fructueuses à travers ce fonds de commerce qu'est depuis bien longtemps leur corps. Celles et ceux qui étaient lycéens autour de 2014 doivent se souvenir du jour où, rafistolée de la tête aux pieds, Kylie est devenue en un claquement de doigts un sex-symbol. D'un coup, de nouveaux standards de beauté plutôt malsains émergent, tandis qu'elle explique ces modifications par la «*puberté*». D'un côté, la gent masculine bave alors sur ce physique de callipyge qu'elle croyait inné. De l'autre, les filles désirent être comme elle, prennent des abonnements pour se tuer en salle de sport, constatant quelques années plus tard que fessier galbé rime finalement avec cuisses musclées, loin des fines gambettes espérées.

Après avoir drastiquement redessiné sa morphologie ainsi que son visage, Kylie est désormais dépassée par les changements d'idéal physique qui ont lieu environ tous les dix ans. À l'époque, tout le monde n'avait pas une connaissance fine de ce qui relevait du naturel ou non. De nos jours, on sait mieux reconnaître certaines opérations comme le Brazilian Butt Lift, qui consiste à augmenter son fessier de façon à en faire une grosse pêche bien haute. Une opération loin d'être sans risque, puisque selon un avis de la Task Force for Safety in Gluteal Fat Grafting publié en janvier 2018, le taux de décès, d'environ 1 cas sur 3 000, «*est le plus élevé de toutes les procédures esthétiques*». Aussi, quand Kylie Jenner conseille à ses jeunes abonnées d'acheter les rouges à lèvres peu qualitatifs de sa marque éponyme Kylie Cosmetics et d'appliquer six coloris différents pour obtenir ses lèvres gonflées à bloc par l'acide hyaluronique, elle finit logiquement par s'attirer quelques foudres.

À présent, sûrement pour se sortir de ses difficultés entrepreneuriales – ses entreprises étant en mauvaise posture –, elle admet plus aisément avoir eu recours à nombre de retouches qu'elle affirme regretter, et en profite pour faire son mea culpa. Il n'empêche qu'il n'est pas aisé de critiquer des standards de beauté irréalistes qu'on a soi-même lancés pour vendre nombre de produits associés. Difficile de s'évader d'un piège que l'on a tendu, et dans lequel on s'est en même temps fait avoir. Pour cause, en devenant le Frankenstein glamour issu de sa propre création, elle a entièrement misé sur un physique rapiécé au goût du jour. Sans penser qu'il était périssable, elle en paie maintenant le prix avec un violent retour de bâton. Tant pis si elle, sa sœur Kendall et ses demi-sœurs avant elles, influencées par leur «*momager*» Kris Jenner, répondent à un cercle vicieux sexiste. Celui où, pour éviter d'essuyer des critiques sur son physique, on préfère le «réparer» pour fermer des clapets et perpétuer une beauté inatteignable naturellement.

La mid girl

« Cette fille qui dévalue son physique sur TikTok pour recevoir des compliments

Je suis une meuf mid, bien évidemment que... Au réveil, je ne suis pas une beauté naturelle. Je suis critiquée sur mon physique, je suis trop maigre, trop blanche. Pour entrer dans les critères de beauté en été, je suis obligée de mettre de l'autobronzant », déroule face caméra la jeune tiktokeuse française @Maelysse.Aby (900 abonnés). Cette utilisatrice reprend le populaire défi TikTok du « Je suis..., bien évidemment que... » pour raconter une réalité personnelle à travers des anecdotes.

Mais, cette fois, la tendance de la *mid girl* – femme censée être « moyenne », c'est-à-dire ni vraiment laide ni tout à fait jolie –, adoptée par nombre de jeunes femmes de la génération Z, permet de comprendre, en creux, l'influence de critères de beauté de plus en plus coûteux et culpabilisants. La première à l'avoir popularisée sur TikTok est sans doute @Lunaindaclub (90 000 abonnés). « *Je sais que je suis une meuf mid, car les seuls compliments que j'ai viennent de ma famille* », lance-t-elle en mars, parmi une suite de déclarations assertives dans une vidéo aimée plus de 330 000 fois. Nombre d'utilisateurs se posent des questions en commentaires : si cette fille plutôt jolie est « moyenne », alors eux doivent être des poux. Bref, derrière l'apparente déculpabilisation du propos se cache une machine à complexes assez sophistiquée. Fausse modestie ou vrai appel à l'aide ? Difficile à dire. Il n'en reste pas moins que se présenter comme une fille « *mid* » semble être une stratégie efficace pour récolter pléthore de compliments.

Si TikTok se veut l'anti-Instagram lisse (où défilent d'innombrables répliques d'une beauté idéalisée) en promouvant l'authenticité, la réalité est tout autre, puisque l'algorithme met en avant la beauté, la richesse... Sur la plateforme chinoise, les plastiques sont donc toujours plus remarquables, améliorées à coups de filtres structurants, de plus en plus difficiles à repérer sur le visage comme sur le corps, et de retouches.

Or cela mène malheureusement de plus en plus à une « dysmorphie digitale », c'est-à-dire à un impact psychologique et émotionnel négatif généré par les technologies, qui peut rendre problématique la perception par un individu de sa propre image. Tout le problème de la *mid girl* est qu'elle se chosifie elle-même en se référant à des critères de beauté subjectifs, évoluant de façon cyclique et en fonction des zones géographiques. Donc, d'une certaine manière, inatteignables. De ce fait, elle s'insère dans une quête effrénée (et perdue d'avance) de validation, plutôt masculine. Aux oubliettes ses qualités humaines, elle n'est là qu'en tant qu'objet de contemplation, qui s'autodévalue pour mieux être réévaluée. Le vrai souci, c'est que la *mid girl* passe sûrement trop de temps sur TikTok à se comparer, sans se percevoir comme autre chose qu'un simple produit à jauger.

La yacht girl

Oiseau de nuit des yachts de milliardaires

Quel est le point commun entre les sœurs Kardashian-Jenner, Hailey Bieber, Paris Hilton et Gigi et Bella Hadid ? À part le fait que chacune est une icône de mode incontestée, elles auraient toutes été des *yacht girls*. Une activité moins glamour que ce que pourraient laisser penser ces images de célébrités en maillot de bain, voguant sur les bateaux de luxe d'hommes d'affaires.

L'envers du décor a parfaitement été décrit dans le film *Une fille facile* (2019). Dans ce conte cruel sur la fascination de la richesse, réalisé par Rebecca Zlotowski, Zahia Dehar – ex-call-girl aux services de laquelle quatre joueurs de l'équipe de France de football avaient eu recours en 2009-2010 alors qu'elle était encore mineure – incarne le personnage de Sofia. Cette jeune fille à la sexualité libérée profite de ses charmes pour faire du yachting, ce qui lui permettra, croit-elle, de s'extraire de sa condition d'origine. Elle entraîne sa cousine adolescente Naïma (Mina Farid), fille de femme de ménage, dans cet univers illusoire, où le corps sert de monnaie d'échange.

Le terme « yachting » est apparu en 2013, dans une enquête du *Hollywood Reporter* sur le festival de Cannes. Il désigne, outre la navigation de plaisance, le fait de recruter des escortes – mannequins débutants, stars de téléréalité déchues, ou oiseaux de nuit débusqués sur les réseaux –, pour venir festoyer (et plus si affinités) sur le mégayacht d'un homme mûr, plein aux as. Dans cette industrie discrète, certaines agences de top-modèles fournissent elles-mêmes ces jeunes femmes attirées par le luxe autant que par le sentiment d'exclusivité et les possibilités de réseautage, et qui finiront en bikini sur le pont arrière d'un énorme bateau, coincées entre un Émirati et un seau à champagne.

Dans son livre *My Body* (Seuil, 2022), dans lequel elle questionne l'*empowerment* des femmes par leur corps, Emily Ratajkowski, mannequin et actrice américaine, a brisé l'omerta sur cette « activité » qu'elle a elle-même exercée. Depuis ses 19 ans, « EmRata » (29,8 millions d'abonnés sur Instagram) a régulièrement participé à des événements orchestrés par des promoteurs chargés de recruter des femmes-trophées pour ses riches clients. Internet regorge encore d'instantanés de ces soirées arrosées, où on la voit danser, quelque peu éméchée, avec ses amies mannequins Gigi Hadid et Hailey Baldwin, sur un yacht cannois en 2017. Une « *expérience enrichissante* » au départ, témoigne-t-elle, avant qu'elle en comprenne les rouages pas franchement féministes et prenne conscience de la responsabilité qu'elle avait vis-à-vis des jeunes filles qui auraient pu être tentées de l'imiter.

Pour recruter ces femmes-trophées, qui peuvent gagner jusqu'à 40 000 dollars (37 000 euros) en une nuit, des compagnies de yachting effectuent la réservation. Selon la tiktokeuse Gia Gabriella, influenceuse de 26 ans, la discrétion est parfois plus que recommandée pour ce type d'activités, comme elle le raconte dans une vidéo TikTok. À 22 ans, elle reçoit un e-mail l'invitant à une « *partie de poker* » sur le yacht d'un client milliardaire, avec jet privé et logement pris en charge. De 15 000 dollars au départ, la mise peut monter jusqu'à 80 000. Une offre alléchante, jusqu'à ce que la conversation prenne un tournant plus étrange : « *Je n'étais pas autorisée à en parler à qui que ce soit. Et je devais me soumettre au détecteur de mensonges avant mon arrivée* », raconte-t-elle. Sceptique, elle déclinera finalement l'offre.

Car, contrairement aux mannequins et actrices célèbres, ces « néophytes », ne bénéficiant pas des mêmes protections, s'exposent à davantage de risques, et toutes ne sont pas rémunérées. Du travail gratuit, finalement.

L'almond mom

Cette mère complexante pour ses filles

Plus jeune, j'allais souvent déjeuner chez une de mes amies d'enfance que l'on appellera Lara. À table avec ses parents et sa petite sœur, j'étais comme dans une deuxième famille. Jusqu'au moment où sa mère, Sophie, commençait à mettre tout le monde mal à l'aise (surtout moi !). « *Lara, tu devrais arrêter de manger autant, prends exemple sur ta copine* », lâchait la maman autoritaire. Nous avions seulement 8 ans. Au McDonald's à côté de chez nous, alors que nous étions en train de déjeuner avec nos deux familles réunies, sa mère lui a encore une fois lancé une pique assez humiliante pour lui signifier qu'il aurait été préférable qu'elle prenne un menu plus léger, comme le mien – une salade César –, au lieu de l'intemporel menu Big Mac de l'enseigne.

Gênée, j'ai assisté à plusieurs scènes de ce type pendant toute notre enfance et au fur et à mesure que nous grandissions. Toujours peinée pour mon amie et assez énervée contre sa mère, qui pensait que nous comparer provoquerait un déclic minceur chez Lara, pourtant loin d'être en surpoids.

Souffrant elle-même du rapport à sa morphologie depuis sa tendre enfance, Sophie a enchaîné régimes restrictifs et effets yo-yo. À sa manière, elle subissait un archétype bien particulier : l'*almond mom* (la « maman amande »). Soit cette femme ayant, souvent sans le savoir, un comportement toxique à l'égard de l'apparence physique, de l'alimentation et du poids de ses enfants, et surtout de ses filles.

Nous devons ce nom plutôt improbable à un épisode de l'émission de téléréalité « The Real Housewives of Beverly Hills » (2013), mettant en scène des femmes au foyer issues de banlieues américaines cossues élevant leurs rejetons. À un moment, l'ancienne mannequin américano-néerlandaise Yolanda Hadid a une conversation plutôt étonnante avec sa fille, la désormais célèbre Gigi Hadid, que l'on connaît pour le duo de « it girls » qu'elle forme avec sa sœur Bella. À l'époque, Gigi a 18 ans et essaie de construire une carrière à l'image de celle de sa mère, en enchaînant les castings. Se sentant très faible physiquement, la jolie blonde au visage poupin, démunie, cherche de l'aide auprès de Yolanda en lui précisant bien qu'elle n'a rien mangé de la journée à part « *une moitié d'amande* ». La réponse ? « *Mange deux amandes et mâche-les bien !* »

Une fois que la carrière de Gigi explose, d'autres passages assez problématiques ressortent. Comme celui où, à son anniversaire, Gigi n'a le droit de se délecter que d'une insignifiante part de gâteau. Devant la caméra, sa matriarche justifie cette décision ainsi : « *Si elle veut avoir le poids idéal, elle doit faire les bons choix.* »

Fin 2022, le #almondmom finit de populariser l'appellation sur TikTok, avec plus de 780 millions de vues à l'heure où j'écris ces lignes. Des internautes, quasiment tous de la gent féminine, témoignent sous ce hashtag de leur expérience auprès d'une maman passionnée de recettes minceur (coucou, maman !). À coups de « *je ne sais pas comment tu fais pour avaler tout ça* », « *pose tes couverts entre deux bouchées* » ou encore « *la faim, c'est dans la tête* », ces femmes patinent dans l'orthorexie comme d'autres dans la semoule.

Depuis, des tiktokeurs s'amusent à parodier ces génitrices très à cheval sur l'alimentation de leur progéniture pour mieux souligner la culture de la minceur, quand d'autres épinglent les maîtresses en la matière. L'actrice Gwyneth Paltrow est désignée cheffe de file du mouvement après son passage dans le podcast « The Art of Wellness », le 13 mars 2024. Elle y prodigue des conseils alimentaires douteux, invitant par exemple à s'affamer en buvant uniquement du bouillon d'os pendant un repas, ce qui a dû faire bondir plus d'un médecin !

Pubs pour céréales minceur, ode aux égéries mode aux joues creusées type Kate Moss dans les années 90… La « maman amande » a souvent été biberonnée aux magazines dits « féminins » et a adopté très jeune les canons de beauté véhiculés dans leurs pages, dont elle est devenue esclave.

Pour pousser sa descendance à suivre ses pas – aussi légers que ceux d'un félin en mode diète –, l'*almond mom* use de multiples moyens détournés. Quand elle vous demande de façon rhétorique si vous comptez « *vraiment* » vous resservir, vous vous rappelez son mantra : « *La vie est plus simple quand on est mince.* » Interdite devant votre mine défaite, elle ne se rend pas compte de l'impact qu'ont ses remarques désobligeantes sur la chair de sa chair. Si mon amie Lara a échappé aux TCA, sa petite sœur a vécu plusieurs hospitalisations à cause de son anorexie, un tuyau dans le nez pour s'alimenter.

La recovery

Cette (pas tout à fait) rescapée de l'anorexie

Au déjeuner, on la voit manger de la salade, du poisson, des haricots verts et du pain, qu'elle est « *forcée de finir, car une infirmière* [la] *regarde* ». Au dîner, une soupe, une demi-tranche de jambon et un yaourt. Vanessa est une adolescente atteinte de troubles des conduites alimentaires (TCA) et une tiktokeuse comptant 2 000 abonnés – dont la vidéo décrite a depuis été supprimée. De sa chambre d'hôpital, elle filme son plateau-repas régulièrement.

Vanessa est l'une des nombreuses utilisatrices – très majoritairement des jeunes, voire très jeunes femmes – du hashtag #recovery (« rétablissement ») que l'on trouve sur TikTok (22 milliards de vues) ou sur Instagram. Des comptes entièrement axés sur leur processus de guérison des troubles alimentaires. Sur leur profil, elles mentionnent leur poids actuel, leur poids le plus bas et le plus haut, ainsi que, le cas échéant, le nombre d'hospitalisations. Sur leur compte Instagram, un mur entier de photos toutes ressemblantes, de plateaux-repas photographiés du dessus, avec leurs victoires ou échecs du jour : « *J'ai réussi à manger un cookie, ma* fear food [« aliment qui fait peur »]. » Elles parlent aussi de sport, de leurs parents, de leur détresse, souvent.

Les recovery filment ou photographient leur alimentation quotidienne sous le hashtag « Ce que je mange en un jour » (#whatIeatinaday), un contenu très populaire sur les réseaux sociaux, qui n'est pas sans poser problème. En effet, les abonnés peuvent se comparer au créateur de contenus et vouloir manger de la même manière, alors que tout le monde n'a pas les mêmes besoins en matière de calories. Et, quand on regarde le compte de Vanessa, sur vingt-six contenus postés, le thème revient vingt-quatre fois et vire à l'obsession malsaine. Même ce que mangent sa mère et ses sœurs est répertorié en images.

Cela fait des années que les troubles alimentaires, en particulier l'anorexie et la boulimie, sont présents sur les réseaux sociaux, sous des mots-clés divers. Des années, aussi, que les plateformes tentent de bannir toute forme d'incitation. Dans les décennies 90-2000, déjà, AOL et Yahoo ! interdisaient les mentions de l'anorexie et de la boulimie. Pour contourner cette censure, les utilisateurs leur ont donné des prénoms, personnifiant ainsi l'anorexie à travers les « pro-Ana », et la boulimie avec les « pro-Mia ».

Les sites pro-Ana explosent alors, en 2008, sur la plateforme de blogs Skyblog, propriété de Skyrock. Des jeunes gens partagent leur quotidien vécu à travers le prisme de leur TCA : excuses pour éviter de manger en public ou conseils coupe-faim, défis minceur absurdes... Ils postent aussi de nombreuses photos dites « d'inspiration », comme les *thinspiration* (contraction de « fin » et d'« inspiration », en anglais, glamourisant la minceur), les *bonespo* (esthétisant les os apparents). Selon un rapport paru en 2013, il y aurait alors eu près de 600 sites sur ce thème.

Ces publications ont contribué à promouvoir des comportements dangereux. En 2015, l'incitation à l'anorexie est devenue un délit, une mesure finalement supprimée, car jugée contre-productive par les professionnels de santé. Théoriquement, les sites pro-Ana sont interdits. Aujourd'hui, le hashtag #recovery, à la connotation bien plus positive, a repris le flambeau. Reste à savoir si, derrière ces « rétablissements » ne se cache pas parfois le fantôme des pro-Ana.

La fitgirl

Cette déesse olympique des salles de sport

À la salle de sport, quand elle sort des vestiaires pour entamer sa séance, la *fitness girl* ne laisse personne de marbre. Legging moulant couleur pastel, fente au niveau de la raie des fesses, dernières baskets à la mode, brassière structurante, queue-de-cheval glissée dans la lanière de sa casquette et casque de musique au-dessus, la *fitgirl* est d'abord une véritable entité des salles de sport.

Alors que les M. Muscles admirent leurs biceps contractés dans le miroir, dès que cette déesse olympique passe, la salle se fige. D'un coup, les regards masculins se détachent du géant de glace pour se tourner vers celle qui

ressemble à une star incognito en déplacement.

Sur l'escalier de cardio, elle sait qu'elle est vue et n'hésite pas à en jouer, en se cambrant pour attirer l'œil sur sa chute de reins délirante. Assise sur une machine pour muscler les fessiers, entre deux répétitions de mouvements, elle se prend en photo en position lascive, puis elle la poste avec la mention « *No pain no gain* » (« pas de souffrance, pas de victoire ») ou encore avec l'heure à laquelle elle fait du sport. Souvent, c'est tôt le matin, entre 6 heures et 8 heures. Cette story, vous la découvrirez alors que vos yeux ensommeillés s'entrouvrent à peine.

Au départ, elle prend vie au début des années 2010 sur Instagram, moment où le fitness se popularise chez les femmes. Les cours d'abdos-fessiers vivent leur moment de gloire. Sur TikTok, le #fitgirl cumule déjà plus de 15,8 milliards de vues. Toutes veulent correspondre aux canons de beauté du moment : un arrière-train musclé, avec des cuisses fines et un ventre plat. Une équation impossible ?

Peut-être. En tout cas, les influenceuses *fitgirls* ont bien compris ce qu'espérait la gent féminine. Pour combler ces attentes, certaines têtes d'affiche lancent leurs programmes et applications. Dès 2014, avec le programme Top Body Challenge, Sonia Tlev affirme qu'on peut sculpter son corps en douze semaines. Désormais, certaines créent leur propre empire, comme TrainSweatEat, du couple français Sissy Mua et Tini (@Fitwtini). Et qui en sont les meilleurs ambassadeurs ? Les membres de la communauté de l'influenceuse, qui raconte son *glow up* (sa montée en gamme esthétique) avant-après avec fierté.

Le problème ? Plusieurs *fitgirls* vendent la promesse d'obtenir le même corps qu'elles, en oubliant parfois de préciser que, pour garder des jambes aussi fines tout en ayant un gros derrière, elles ont eu recours à des injections, à un Brazilian Butt Lift ou encore à des implants. Elles suivent aussi les normes corporelles fluctuant environ tous les dix ans et y contribuent : après avoir valorisé des silhouettes assez musclées et généreuses, la minceur est désormais de retour. Sur YouTube, les prêtresses du sport Sissy Mua ou Karoline Ro paraissent déjà amaigries, à l'image du clan Kardashian, qui donne le « la » depuis quelques années déjà. Après avoir passé des années à vanter un corps pulpeux, musclé (et refait), la prêtresse des tendances Kim Kardashian est récemment apparue très amincie. Et la liste de nouvelles *it girls* très fines comme Kendall Jenner, Emily Ratajkowski, Gigi et Bella

Hadid laisse entrevoir le pire. Le corps féminin se renouvellerait-il aussi rapidement qu'une collection Zara ? Après la *fast fashion*, l'ère du *fast body* ?

Il n'empêche que cette tendance a le mérite de représenter les femmes et de les pousser à s'exercer. Pour cause, nombre d'entre elles souffrent de « gymtimidation » – sentiment d'intimidation qu'on peut ressentir en se rendant en salle de sport, par crainte du jugement de l'autre ou par anxiété. Pour elles, le principal symptôme est probablement lié aux regards masculins parfois gênants (ce qu'on appelle « hypervisibilité »).

Ce constat a conduit le #shygirlworkout, entraînement fait pour les filles timides, à éclore fin 2022. Sur TikTok, il compte déjà 456 millions de vues. Le but ? Proposer une session où elles peuvent faire du sport discrètement, dans un petit espace confiné, avec l'équipement minimum. De son côté, la *fitgirl* s'en fiche, alors que dans cet univers plein de testostérone, où les femmes doivent constamment lutter pour avoir leur espace, il n'est pas évident de sortir la tête haute du vestiaire.

La fitmom

Cette maman hyper complexante

Queue-de-cheval blonde, lunettes de soleil bien vissées sur le nez, la joggeuse américaine Danielle Hart effectue des sessions de running un peu particulières, qu'elle poste sur TikTok. On l'y voit courir à différents moments de sa vie, avec son corps de jeune femme, puis enceinte jusqu'aux yeux. S'ajoutent ensuite une poussette comprenant l'un de ses enfants, puis un bolide à deux places… Jusqu'à ce qu'elle finisse par tracter un engin supplémentaire, dans lequel se trouve un autre bambin, relié par un fil accroché à une ceinture. L'influenceuse déclare ne s'être jamais sentie autant en forme.

Cette femme est ce qu'on appelle une *fitmom*, soit une mère de famille au corps athlétique, très soucieuse de l'image qu'elle donne. Ses réseaux de prédilection ? Instagram, mais aussi TikTok, où le #fitmom réunit 3,3 milliards de vues, et le #postpartum, 13 milliards.

Tout commence en 2013. Sur Instagram, l'Américaine Maria Kang poste une photo d'elle, ventre plat et tablettes de chocolat, sur laquelle elle a écrit : « *C'est quoi votre excuse ?* » Le #NoExcuseMom prend et incite d'autres femmes à montrer qu'elles aussi restent affûtées après une grossesse. Les programmes minceur pour mamans sur les réseaux sociaux affluent dans toutes les langues. La tendance est lancée.

Depuis, il n'est pas rare de tomber sur des posts dévoilant une *morning routine* à donner envie de s'enfouir le visage dans son bol de céréales : se réveiller tôt pour aller lever de la fonte à la salle de sport, prendre un petit déjeuner millimétré tout en nourrissant ses petiots, les emmener ensuite à leurs activités périscolaires...

La *fitmom* propose un mode d'emploi pour dompter son corps et l'optimiser, avec quelques zestes de développement personnel. Obsédée par son apparence physique et par les likes qu'elle obtient, cette mère modèle adore montrer qu'elle est active, contrairement aux autres mamans, pantouflardes.

Dans cet océan de clichés identiques, où est la réalité de la dépression post-partum ? Les quelques kilos installés sur les hanches ? La mine fatiguée à force de se lever plusieurs fois par nuit ? Les seins douloureux, abîmés par la tétée ? Cachés.

N'oublions pas que sa vie de rêve, c'est son gagne-pain ! Chez nous, la *fitgirl* Sonia Tlev, instigatrice du très populaire programme de remise en forme Top Body Challenge, a récemment lancé des variantes « femme enceinte » et « post-partum ». La première génération des *fitgirls* arrivant en âge de procréer, on peut imaginer que d'autres nouvelles *fitmoms* vont envahir le marché quand elles auront des enfants.

Finalement, cette stakhanoviste n'est autre qu'une nouvelle forme idéalisée de mère au foyer 2.0, comme les mères parfaites qui ont inondé les réseaux sociaux quelques années auparavant. Censée être plus moderne et émancipée, la *fitmom* porte un message tout aussi problématique : en occultant la complexité de la maternité, elle tend à culpabiliser toutes celles qui sont familières des tablettes de chocolat... sorties du placard.

Les influenceurs fitness, des machines à cash ?

Entretien avec Joseph Godefroy, sociologue

Sociologue, Joseph Godefroy travaille sur la représentation du corps des influenceurs fitness, marchandisé à souhait sur les réseaux sociaux. Encore plus depuis 2016, moment où la plateforme Instagram devient ouvertement mercantile. Je lui ai posé quelques questions pour mieux comprendre les logiques à l'œuvre derrière les figures de proue du sport en ligne.

Sur les réseaux, en quoi les personnalités masculines du fitness promeuvent-elles une distribution stéréotypée des rôles de genre ?

Les créateurs de contenus masculins reproduisent les normes de virilité en travaillant les muscles de la partie supérieure du corps comme le dos, les épaules, le torse. Certains usent du discours de la prise en main de soi-même. Sans avoir développé de domaine d'expertise particulier, ils deviennent coachs en tout (séduction, sport...) et ils bénéficient d'une légitimité acquise davantage par le corps que par une formation diplômante. Quand ils parlent de fitness, ils sacralisent le muscle, le volume, souvent sur le ton de la rigolade. Cela participe à créer un repère légitime de force où le corps a une fonction claire : se battre, se défendre, porter des charges lourdes... C'est là que le masculinisme déborde.

L'hypersexualisation du corps féminin sportif sert-elle une marchandisation de soi ?

Chez les *fitgirls*, les fessiers reviennent dans tous les discours comme étant quelque chose d'intime, qu'elles n'ont pas envie de mettre en avant. Pourtant, elles le montrent toutes et elles me disent que ce type de pose est ce qui marche le plus sur les réseaux sociaux.

Aussi, on remarque une volonté de revendiquer une féminité musclée mise en avant dans leur discours (avec le développement des épaules et des muscles du dos), qui s'accompagne d'une rhétorique sur l'émancipation et l'entrepreneuriat. Mais celle-ci est noyée dans les stéréotypes de genre, puisqu'elles veulent surtout développer les fessiers, les cuisses et affiner la taille, des parties du corps couramment sexualisées, sans prendre trop de muscle ailleurs. Derrière cette marchandisation de soi, le corps devient un outil marketing ajusté à la demande pour plaire le plus. Le fitness s'est particulièrement imposé grâce à l'exposition des corps en ligne.

Pendant quelques années, il fallait avoir un arrière-train musclé et rebondi. De plus en plus, on voit que les fitgirls s'affinent à vue d'œil. En quoi la fitgirl participe-t-elle à faire et à défaire le corps parfait ?

Cette évolution vers des stéréotypes classiques est liée au fait que la densité de pratiquants est plus importante. Aussi, le poids de la publicité sur la création de contenus et la mise en scène du corps est de plus en plus fort. Les marques ont repris en main le marketing d'influence, autrefois autonome et incontrôlé. De ce fait, il y a un retour aux normes classiques de la publicité. J'ai pu voir que quand les grandes marques sont arrivées dans le jeu de l'influence, la transgression des normes de beauté féminine s'est un peu arrêtée. On revient vers des standards plus anciens, qui étaient ceux que ces femmes fuyaient au départ, parce que les marques ont repris le dessus.

Plusieurs créateurs de contenus fitness proposent des programmes pour avoir un corps similaire au leur, en trichant parfois un peu. Pourtant, les jeunes générations sont en quête d'authenticité.

Au fil des années, on a vu des femmes vendre des programmes de sport alors qu'elles avaient des implants [fessiers] ou reçu des injections. De même pour les hommes avec la consommation de produits dopants interdits, plus problématiques. Or, les utilisateurs ont désormais une plus grande connaissance des outils permettant la retouche. La quête d'authenticité est maintenant indispensable sur les réseaux, cela devient même une injonction.

Avec le retour à la minceur des années 90-2000, on a l'impression que le body positivisme était une chimère. Qu'en pensez-vous ?

Les influenceurs se sont emparés du body positivisme de façon superficielle. Dans leur discours, ils promeuvent des injonctions fortes sur ce qu'il faut manger, le nombre d'entraînements à faire... On est dans un cadre directif. Finalement, le body positivisme a été assez illusoire. La culture dominante a du mal à accepter les cultures minoritaires.

Quand l'IA rebat les cartes du cyberharcèlement des femmes

Qu'importe leur succès, les créatrices de contenus fitness ne sont pas exemptées de cyberharcèlement. Bien au contraire, ces influenceuses dont le contenu est centré sur le corps et la performance physique en sont des cibles de choix.

C'est ce qui arrive à Justine Becattini depuis six ans. Plus communément appelée par son pseudonyme de Juju Fitcats, et avec plus de 3 millions d'abonnés sur YouTube, elle raconte son histoire dans le podcast « Mentionné.e » (sur France Inter) consacré aux victimes de cyberharcèlement. En 2018, son conjoint Tibo InShape, plus de 21 millions d'abonnés, considéré comme le plus gros youtubeur de France, reçoit une photo d'un abonné. Sur le cliché, ce dernier explique qu'il s'agit de Justine, posant de dos, entièrement nue, affichant un corps musclé et tonique. On ne voit pas le visage de la jeune femme. Confus, Thibault est obligé de reconnaître une grande ressemblance entre le corps de sa conjointe et celui qui s'affiche sur l'écran. Alors il lui demande si c'est bien elle. La principale intéressée répond que ce n'est pas le cas. Preuve en est, avant qu'elle entame sa transformation physique, elle souffrait de TCA et avait une morphologie bien plus fine. Et, avant de se mettre au sport, elle s'était fait tatouer dans le dos une pièce impossible à rater. Or la photo en question ne comporte pas de tatouage. Le cliché fait le tour des réseaux sociaux et lui vaut nombre de questionnements, mais surtout de messages de cyberharcèlement. Malheureusement, cette histoire n'est que le commencement d'une succession de problèmes par la jeune femme.

À la suite de cela, des fausses photos se propagent. Des utilisateurs malintentionnés utilisent ce premier cliché pour promouvoir de supposés

« contenus exclusifs » d'elle. Et donc, se faire de l'argent sur son dos. *« Il y a tellement de comptes. Quand tu en menaces deux qui retirent leur contenu, 20 autres se créent derrière. On a l'impression que ce sera sans fin* », explique-t-elle au micro de France Inter. Il y a aussi beaucoup de *deepfakes* (ou hyper-trucages), où l'on crée des images d'elle nue : on reprend des photos d'elle en maillot de bain à la plage ou en tenue de sport, postées sur Instagram, qui sont traficotées grâce à une IA, pour la dénuder. Selon elle, le résultat est bluffant. Même Justine a du mal à réaliser que ces images sont fausses. Ici, son corps devient une arme utilisée contre elle.

Pour faire face, elle essaie de prendre du recul et tente de garder en tête que ce n'est pas elle. Qu'il s'agit d'une réalité distordue. Mais, même comme ça, voir des photos d'elle de la sorte reste « *dégradant* ».

En 2023, soit cinq années après la sortie de la première photo, elle décide d'enfin prendre la parole sur ce sujet. Pour cause, elle reçoit régulièrement des messages d'utilisateurs masculins la dénigrant, la menaçant de viol et lui faisant vivre du *slut-shaming* (en bon français, « culpabilisation des salopes »). Y compris chez les plus jeunes, qui ont parfois à peine 10 ans et se permettent de lui envoyer des messages violents, sûrement en imitant d'autres utilisateurs.

Ce cyberharcèlement révèle une démarche complètement sexiste et misogyne. Comme le dit Juju Fitcats, seules les femmes sont visées. *« À quel moment vous voyez des femmes faire des sites internet pour déshabiller des hommes ? Faire des photomontages de têtes de mecs qu'elles trouvent sexy pour les mettre sur des corps d'acteurs porno ou que sais-je ? C'est toujours pareil, parce que tu es une femme, tu dois subir et accepter ce genre de chose* », dénonce-t-elle dans une vidéo YouTube en 2023.

Depuis 2018, ce qui est arrivé à cette youtubeuse s'est largement multiplié, touchant désormais autant des créatrices de contenus telles que Léna Situations ou Maghla, que des journalistes comme Salomé Saqué, ou que des femmes inconnues. On peut facilement imaginer, au regard des commentaires reçus par ces femmes, qu'ils sont le fait d'hommes malintentionnés, qui estiment que le corps de la femme leur appartient.

L'émergence des technologies d'intelligence artificielle n'y est pas pour rien. Mais elle n'est pas la seule responsable. Qu'importe la technologie, que ce soit internet, les réseaux sociaux, ou l'usage de *deepfakes* dégradants à l'encontre de femmes, le problème réside dans les comportements problématiques de certains hommes. Mais aussi dans le manque de modération des plateformes utilisées. Juju Fitcats n'a encore jamais porté plainte contre X, ni jeuxvideo.com ou Discord. Elle estime que cette lutte est déjà assez *« énergivore »*.

Depuis peu, certains hommes ont saisi le tournant des progrès fulgurants de l'IA pour créer des clichés de femmes idéales à leurs yeux, comme Aitana López ou Emily Pellegrini. Souvent, elles sont blanches, jeunes, minces, avec une grosse poitrine, une taille fine, des hanches dessinées et un fessier galbé. Petit nez fin, grosses lèvres, longs cheveux lisses. Bref, un croisement entre standards de beauté et de genre en vogue. Ou la sexualisation du corps féminin, rêvé par un créateur masculin, à son paroxysme. Tout ça bien sûr dans l'objectif d'offrir à d'autres hommes de quoi se rincer l'œil en dégageant un revenu de cette activité. Puisque, une fois passée la vitrine plutôt soft du compte Instagram – modération oblige –, les abonnés de ces femmes générées par des programmes peuvent payer pour du « contenu plus exclusif » sur leur compte OnlyFans. Autrement dit, une forme de proxénétisme virtuel d'un autre genre, où la victime en question n'est qu'une invention humaine, sorte de Frankenstein réunissant tous les attributs nécessaires pour obtenir la recette qui rassemblera toute la gent masculine. Attention, je vous vois déjà venir me dire que le terme de « proxénétisme » est un peu fort pour qualifier cette activité, étant donné que ces femmes ne sont pas de vraies personnes, mais des créatures virtuelles. Mais si demain une entreprise fabriquait des femmes robots dont on louait les services sexuels à certains hommes pour une heure, n'y aurait-il pas là une forme d'exploitation sexuelle du corps féminin ? À méditer.

Ces créations artificielles couvrent d'ailleurs des objectifs marketing, puisque Aitana – dont les deux premières lettres du prénom font référence à AI, comme Artificial Intelligence – est l'une des créations de l'agence de mannequins artificiels The Clueless du designer espagnol Rubén Cruz. Cette égérie aux cheveux roses, suivie par plus de 320 000 personnes sur Instagram, séduit aussi bien ses abonnés que les marques. Selon *Ouest France*, cette créatrice de contenus fitness et gaming – tiens, quelle surprise qu'elle soit fan de jeux vidéo ! – s'avère particulièrement rentable pour son agence. En effet, ses partenariats ainsi que les abonnements payants souscrits par les internautes sur son compte à caractère érotique Fanvue permettraient de générer environ 10 000 euros par mois. De quoi inspirer d'autres hommes à se saisir du corps féminin pour continuer de propager des standards de beauté irréalisables et culpabilisants, fondés sur le regard masculin, tout en s'enrichissant. Comme le disait Juju Fitcats, à quel moment voit-on des femmes faire de même avec les hommes ? Jamais. C'est bien le signe d'un sexisme loin d'être abattu malgré les récents progrès en matière de droits des femmes. D'autant plus que Rubén Cruz motive son choix de lancer Aitana par le besoin de s'affranchir des mannequins un peu divas, qui n'en font qu'à leur tête et demandent des salaires astronomiques. Je ne peux m'empêcher de me demander si Aitana, comme les autres, ne serait pas un moyen de court-circuiter nombre de femmes dont le fonds de commerce repose beaucoup sur le corps, qu'elles soient mannequins, influenceuses, actrices pornographiques ou travailleuses du sexe, tout en imposant une concurrence déloyale. Autrement dit, de faire travailler gratuitement une poupée rêvée qui n'est pas près d'ouvrir la bouche pour se plaindre ou de plaider pour ses droits.

La buchona

Cette figure de la narco-esthétique

Si on vous demande ce qu'ont en commun Kim Kardashian, la chanteuse Cardi B, ou encore les stars de téléréalité Maeva Ghennam et Milla Jasmine, que répondez-vous ? Leurs formes irréelles taillées au scalpel, pardi ! Toutes ont dépensé des sommes mirobolantes pour obtenir le physique de rêve des années 2014-2020 : poitrine gonflée à bloc, taille de guêpe, fessier rond, lèvres charnues et petit nez fin. Mais, dans cette veine, un archétype pousse encore plus loin le bouchon : celui de la *buchona*. Longs cheveux bruns lissés, faux cils, faux ongles exubérants, sacs à main de luxe, fringues flashy et petit copain dealer jamais très loin.

Pour en savoir un peu plus, partons au Mexique, dans l'État du Sinaloa, connu pour son tristement célèbre cartel de drogue. Depuis les années 80, le narcotrafic y a prospéré. C'est là que la figure de la *buchona* a vu le jour : ce terme espagnol est utilisé pour désigner la petite amie d'un narcotrafiquant, lequel paie souvent la facture des opérations de chirurgie esthétique de sa dulcinée, en échange de faveurs sexuelles. Il peut aussi définir des femmes travaillant dans les organisations criminelles.

Selon le *Los Angeles Times*, ce phénomène pointe le bout de son petit nez refait aux alentours de 2005. Si l'on ne connaît pas l'origine exacte du mot, deux hypothèses existent. Dérivé du mot « *buchón* » (« pigeon »), évoquant un type qui bombe le torse, « *buchona* » pourrait être un moyen de convoquer l'image de la volaille à forte poitrine. La seconde hypothèse, c'est qu'il s'agirait d'un néologisme dérivé du whisky Buchanan's, très populaire chez les narcos du Sinaloa et dont le célèbre Joaquin Guzmán, alias El Chapo raffolait, avant sa condamnation à la prison à perpétuité aux États-Unis. D'ailleurs, son épouse, Emma Coronel, fille de mafieux et ancienne reine de beauté, est considérée comme la *buchona* par excellence.

Pour survivre dans ces sociétés patriarcales hyperviolentes, les femmes de la classe moyenne sont prêtes à prendre d'énormes risques. Soit en se faisant opérer à bas prix par des chirurgiens non qualifiés – en 2023, une Mexicaine a perdu la vie après plus de trente opérations en six mois –, soit

en se faisant offrir ces opérations par leur narco, qui choisit lui-même la taille des implants et les parties du corps à retoucher. Chose assez répandue, car celui-ci aime exposer sa réussite à travers une femme-trophée, toujours sur un air de *narcocorrido* (musique vantant le narcotrafic).

Payer une opération (souvent en cash) à une femme en imposant parfois ses propres goûts, c'est, pour le narco, une manière de marquer sa propriété. La femme, elle, y gagne une forme de protection. Comme l'explique la *buchona* Juleany dans la vidéo du youtubeur mexicain Yulay, ce statut implique de sa part un « *contrat d'exclusivité* » avec son *buchón*, en échange d'une voiture, par exemple, pendant que lui fréquente plusieurs donzelles en même temps. Et gare à qui s'approche trop près de la femme-trophée !

Sur TikTok, les #buchona et #buchonas cumulent ensemble déjà plus de 5,7 milliards de vues. Beaucoup de jeunes femmes suivent et propagent cette tendance, glamourisée par des *telenovelas* comme *La Reina del sur* (*La Reine du Sud*, 2011-2023), portant sur l'ascension de Teresa Mendoza, future reine de cartel, ou la série Netflix *Narcos : Mexico* (2018-2021) avec le personnage d'Isabella Bautista.

Consciemment ou non, Kim Kardashian s'en est inspirée. Mais la vague prend vraiment au moment où sa demi-sœur Kylie Jenner passe à de multiples reprises sous le bistouri vers 2014. Dès lors, ce type de physique dépasse les limites de la narcoculture des pays d'Amérique latine et explose partout dans le monde. Aujourd'hui, pour percer dans le reggaeton (Karol G, Anitta), le hip-hop (Cardi B, Nicki Minaj) ou la téléréalité, des femmes investissent des sommes conséquentes pour correspondre à ces nouveaux diktats éphémères de la narcoesthétique.

La bad bitch

Cette femme puissante et assumée

Ces derniers temps, les chanteuses qui ont pour point commun d'être des *bad bitches* (que l'on peut traduire poliment par « dures à cuire ») sont partout. D'Aya Nakamura à Rosalía, en passant par Megan Thee Stallion, Doja Cat, Nicki Minaj, Shay...

Le terme vient des rappeuses, souvent non blanches, issues de milieux sociaux défavorisés, qui ont émergé autour de 2010. À cette époque, la gent féminine n'occupe qu'une place d'objet dans les textes et les clips des rappeurs. Quand, en 2012, la première *bad bitch* française, Liza Monet, rappe son meilleur coup dans *My Best Plan* (6,2 millions de vues), elle est cyberharcelée et subit du *slut-shaming*. Depuis d'autres rappeuses ont suivi et le mouvement #MeToo est passé par là.

Mais qu'est-ce qu'une *bad bitch* ? Il s'agit d'une femme ambitieuse, qui n'a pas froid aux yeux. Elle assume autant ses désirs sexuels que son corps voluptueux, avec cellulite débordant d'un minishort et vergetures zébrant sa peau qui dépassent du vêtement. Indépendante financièrement comme mentalement, elle ne fait jamais le dos rond, ne se bâillonne devant personne. Surtout pas devant un homme.

Habillée de façon sexy, avec minijupe en jean, string porté haut sur les hanches et décolleté plongeant, cette provocatrice se contrefiche d'être scannée de la tête aux pieds quand elle marche dans la rue. Au contraire, quand un passant enquiquinant à qui elle ne donne pas l'heure la qualifie hargneusement de *« pute »*, faute d'obtenir son attention, elle le défie du regard, sourire en coin, l'air de dire *« oui, et alors ? »*. Mince, elle n'est pas réceptive aux remarques injurieuses qu'elle renverse subtilement à son avantage, se dit le harceleur de rue, en se tournant les pouces. Aucune critique ne peut la blesser, y compris sur ses réseaux sociaux quand certains l'accusent d'être « grosse » ou « vulgaire ». Là, elle répond en postant une photo sur Instagram de son corps de callipyge, toujours plus sexy, en position lascive. Derrière ce cliché, les *haters* hargneux pourront lire entre les lignes de ses courbes plantureuses, s'ils y arrivent, un doigt d'honneur à leur intention. *« Je m'en fiche de toi. Tu n'existes même pas dans ma dimension.*

Tu ne mérites pas que je perde une seconde pour répondre à ton commentaire insignifiant de gros haineux. Va t'acheter une vie, gros blaireau. »

Telle la reine de Saba, la *bad bitch* irradie une aura reconnaissable au premier coup d'œil. Sa confiance en elle impressionnerait n'importe quelle personnalité politique ! Même si, parfois, il lui arrive d'être rattrapée par une réalité moins cinématographique. Comme quand, en allant charger sa carte de transport à l'automate d'une station de métro, elle ne peut sortir sa carte bancaire de la machine, à cause de ses griffes nail-artées de 3,5 centimètres de long, et doit demander de l'aide au gentil monsieur qui fait la queue derrière elle. N'est pas *bad bitch* qui veut.

La vixen

Figurante de clips de rap, entre tremplin et bad buzz

De nos jours, le buzz ne connaît plus de limite. Et ce ne sont pas les rappeurs Kaaris et Jok'Air qui diront le contraire. En concert à l'Accor Arena pour sa tournée « Or noir », les 14 et 15 mars 2024, le premier s'est fait voler la vedette par une de ses danseuses, Nosiiila, qui a twerké avec un plug anal lumineux dans l'arrière-train, provoquant l'indignation sur les réseaux sociaux (amis du bon goût...). Quelques semaines auparavant, le second sortait son clip *FTB* dans lequel une *vixen* aux longs cheveux bleus s'effeuille au fil de la très passante rue Montorgueil, dans le 2e arrondissement de Paris, utilisant sa nudité comme un appeau à clics. Mais au fait, c'est quoi une *vixen* ?

En anglais, ce mot désigne la femelle du renard. En argot, il évoque une femme fatale, ayant un caractère fort, à l'image de la super-héroïne afro-américaine éponyme, appartenant à l'univers DC Comics. Le terme fait également écho à l'œuvre sexuellement débridée du cinéaste américain Russ Meyer.

Dans les clips de rap, la *vixen* est celle qui fait naître l'émulsion festive, générant une ambiance sexy grâce à des hanches, une poitrine et un postérieur généreux, symboles d'opulence.

Dans les années 90-2000, avec l'avènement du hip-hop, les *video vixens* acquièrent leur petite célébrité aux États-Unis, à tel point que des stars comme Amber Rose, Melyssa Ford et Gloria Velez font la couverture de magazines érotiques tels que *Playboy*, *BlackMen* ou *King*. La plupart du temps, ce sont des femmes racisées aux courbes plantureuses, parfois refaites à l'aide du bistouri, qui font vibrer les contours de cet archétype.

Alors que les diktats de beauté favorisent la blancheur et la minceur, la *vixen* propose une représentation alternative bien qu'elle reste hétéronormée, en phase avec les attentes de certains pans de la société américaine.

Toutefois, depuis que le body positivisme est passé par là, les corps sont plus inclusifs : poitrines naturelles tombantes, vergeturées, capitons de cellulite sur les cuisses...

Confiante, cette callipyge connaît ses atouts. Au-delà du twerk, compétence minimale à maîtriser dans le milieu, la *vixen* possède parfois d'autres cordes à son arc : gogo danseuse, contorsionniste, cracheuse de feu... Soraya Rhazel, ex-*vixen*, mains gantées et faux cils, est passée de l'autre côté de la caméra pour devenir productrice, directrice de casting et responsable des relations publiques. Elle milite pour la professionnalisation du métier et cherche à mettre fin à la concurrence déloyale (en instaurant une tarification commune) et aux conditions de travail plus que limites. Ainsi qu'à la perception de ces femmes, considérées comme des « putes de pe-cli ». En novembre 2024, son premier ouvrage *Vixens. Les égéries oubliées du rap français* paraîtra chez Denoël. Elle y raconte comment de mannequin elle est devenue *vixen*, métier dans lequel elle s'est sentie à sa place en tant que femme racisée.

Souvent séduites par les strass et les paillettes, ces femmes recrutées sur les réseaux ou en boîte de nuit œuvrent parfois bénévolement, ou sont payées en espèces.

Alors que son image pourra rester éternellement gravée dans un clip, la carrière de la *vixen*, elle, sera généralement beaucoup plus courte. Certains rappeurs ne veulent pas d'une fille déjà apparue chez un autre artiste. Un marché aussi rude que l'est la reconversion. Nombre de ces femmes, plutôt issues de milieux populaires, effacent les traces de ce passé difficile à assumer dans la durée, qu'elles imaginaient initialement comme un tremplin (l'envol aura généralement été assez bref, l'atterrissage parfois douloureux).

Si la danseuse de Kaaris, Nosiiila, a tenté de capitaliser sur son mauvais buzz pour lancer sa carrière de chanteuse, tout ne se passe pas forcément comme prévu. Invitée dans l'émission « Touche pas à mon poste » et dézinguée par les chroniqueurs, elle est surtout le dindon d'une farce sensationnaliste qu'elle pensait maîtriser. Entre tuer le *game* et se faire tuer par le *game*, il n'y a parfois qu'un pas.

Une féminité agressive

Buchona, bad bitch et *vixen*, promotrices d'une « féminité agressive » ? Ce terme, né de ma propre interprétation, désigne la façon dont certaines femmes, souvent racisées et/ou issues de milieux populaires, se réapproprient le stéréotype de la femme hystérique, qui prend de la place et s'assume à tout niveau, autant dans un style que dans un comportement provocant, pour s'émanciper des dominations de genre, de race et de classe.

Au-delà du stéréotype des femmes hystériques – hérité de l'Antiquité, qui ramène la femme à son corps « déréglé », qui fait dysfonctionner sa santé mentale –, un autre se dégage, la « *Angry Black Women* » (femme noire en colère). Ce cliché de femme autoritaire, dominatrice, au caractère affirmé et castrateur a été véhiculé depuis la colonisation jusqu'à aujourd'hui.

Au XVIIIe siècle, dans les pièces de théâtre, les seules femmes noires représentées étaient alors toujours cantonnées à des rôles subalternes de nourrice, de bonne ou de cuisinière. Incarnées par des hommes blancs, au visage grimé de noir (coucou le *blackface*), elles sont dépeintes comme étant énervées, intransigeantes et agressives. Cette interprétation a joué dans la masculinisation de la représentation de la femme noire. Puis aux États-Unis, le mouvement Black Panther, pourtant non violent, amplifie cette perception de femme autoritaire et ferme. Aujourd'hui, nombre d'insultes racistes présentent la femme noire sous ce jour. Et pas qu'elles. Puisque cela touche largement les femmes racisées, qu'elles soient d'origine maghrébine, latino-américaine (voir *la toxica* au chapitre 2).

De là, nombre de descendantes de ces communautés renversent ces stéréotypes, à la fois en les adoptant et en assumant leur corps, quitte à parfois surjouer les caractéristiques liées à leurs origines dans les téléréalités par exemple, et à s'hypersexualiser. Tout en optant pour un langage *bad ass* au verbe fleuri, en reprenant les codes du très viril hip-hop. Souvent, elles mélangent la figure de la cheffe de cartel, pour la Colombienne Karol G ou la Belge Shay, avec d'autres représentations mal vues dans la société, telles que la bimbo à forte poitrine. Ou même la « pute ». Au micro de *Brut*, la « *jolie garce* », comme se surnomme la chanteuse Shay, explique avoir renversé le stigmate de cette insulte pour en faire une revendication assumée, « *en enlevant le pouvoir négatif de ce terme* [utilisé] *pour descendre les femmes* ». À l'image de la communauté afro-américaine avec le mot *nigger* ou des homosexuels avec « pédé ».

En 2024, quand les médias ont révélé que la chanteuse franco-malienne Aya Nakamura, artiste française la plus écoutée à travers le monde, était pressentie pour se produire en ouverture des Jeux olympiques de Paris, les réactions estomaquées ne se sont pas fait attendre. Rapidement, que ce soit dans les médias ou sur les réseaux sociaux, on prétend qu'elle est incompétente et qu'elle ne ferait pas honneur à la France avec ses textes mélangeant le français à l'argot ivoirien ou malien, au créole, à l'anglais, l'espagnol, l'arabe... Bref, un langage globalisé à souhait, qui maltraiterait la langue de Molière pour certains. Le problème, c'est surtout qu'Aya Nakamura est une femme noire, grande, sexy, qui s'assume et ne craint pas de prendre de la place. Celle qui représente la France dans toute sa diversité et ses nuances est souvent prise à partie sur les réseaux en raison d'une « masculinité » supposée, souvent reprochée aux femmes noires. Quelles auraient été les réactions si la Belge Angèle avait été française et qu'elle avait été évoquée pour représenter le pays ? Elle qui change l'ordre des mots et fait des phrases comme ça l'arrange n'aurait sûrement pas soulevé autant de réactions d'illégitimité.

Selon mon humble analyse, que je tente étant donné que je me revendique moi-même de cette mouvance de féminité agressive – sans être racisée –, ces femmes vivent leur féminité de façon augmentée comme de l'empouvoirement. Faux ongles parfaitement manucurés format XXL, bouts pointus pour pouvoir se défendre dans le métro en cas de problème, avec *nail-art* tape-à-l'œil, supplément kitsch. Mais aussi longue chevelure, bouche rouge carmin et eye-liner traçant un œil de chat. Avec, bien sûr, toute une gamme vestimentaire sexy : minijupe, jean moulant mettant en avant les fessiers, crop top et grand décolleté, chaussures à talons ou baskets confortables. Bref, une « vraie femme » comme on l'imagine, bien que beaucoup considèrent cette féminité agressive comme vulgaire, de mauvais goût. Ici, on reprend des éléments jugés comme futiles, qui font de nous des femmes superficielles, pour en jouer.

Personnellement, je ne compte plus le nombre de petits copains qui m'ont fait remarquer que, parfois, je m'habillais un peu « limite limite ». Trop sexy.

Pas assez classe. Vulgaire. Artificiel. Plus jeune, je prenais ces remarques plutôt mal, parce que je sentais dans leur regard le revers du stigmate de la pute. Aujourd'hui, avec le renversement qui s'est effectué depuis quelques années dans la mode, la musique, sur les réseaux sociaux en général, il est plus facile d'assumer une hyperféminité agressive, voire de la revendiquer fièrement. Qu'importe sa couleur de peau. Pour cause, les tendances sont de moins en moins descendantes. Désormais, elles viennent des classes populaires et remontent vers les classes supérieures. Une sorte de revanche du populaire, du brut, du kitsch sur le bon goût des classes supérieures.

Assumer à 100 %, c'est ce que je fais désormais, en n'oubliant pas que ma maman, participant elle-même sans le savoir à cette mouvance au début des années 2000, a longtemps essuyé des remarques l'accablant du terme autrefois péjoratif de « bimbo », fille facile à cause de son look – et de son métier d'esthéticienne, perçu comme futile alors qu'elle était quasiment psychologue, finalement. Vêtue d'un top rose très décolleté, dos nu, avec un jean taille basse, des maxi-talons compensés et des lunettes masque englobant une bonne partie de son visage, ma mère, cheveux blonds peroxydés, était l'exemple du mauvais goût pour beaucoup. Désormais, j'ai aussi la sensation de lui rendre hommage. Alors, même pour aller prendre un café avec les chefs d'un journal très policé comme *Le Monde*, j'assume complètement mon côté bimbo – que nos amis sudistes appelleront « cagole » plutôt dans le Sud-Est, et « pichasse » dans le Sud-Ouest. D'autres variantes existent partout dans le monde pour définir ces femmes. Au Mexique, on parle par exemple de « *chingona* », terme issu du verbe argotique « chingar » (baiser, entourlouper, duper, en espagnol). Quelle surprise !

Toutefois, une question me tourmente. Comment cette féminité agressive peut-elle être considérée comme libre et émancipatrice alors qu'elle entre à merveille dans les diktats de beauté en vogue ? Quand on met une minijupe qui ne cesse de remonter avec des talons haut perchés, on ne peut dire que c'est confortable et qu'on s'habille ainsi uniquement pour soi. La preuve, probablement aucune femme ne se vêt de la sorte quand elle est seule, à la maison.

*L'*empowerment, *un business comme un autre ?*

Après ce constat sur la féminité agressive, je ne peux m'empêcher de me demander si l'*empowerment* est devenu une affaire juteuse comme une autre. En portant de longues griffes nail-artées et des tenues sexy, n'en sommes-nous pas devenues les meilleurs panneaux publicitaires ?

En août 2019, j'écris un peu par hasard un papier sur l' « empowertainment », soit l'empouvoirement contracté au divertissement en français, comme argument de vente. Je l'envoie à *Libération*, qui le publiera sous forme de tribune, pour mon plus grand bonheur – je ne connais alors absolument pas ce format journalistique. J'étais en deuxième année d'études à la fac de Nanterre et je commençais à m'imaginer journaliste, en même temps que débutait mon éducation féministe. #MeToo venait de passer par là. Enfin, j'ouvrais les yeux sur les différences de genre que je décelais sans arriver à mettre de mots clairs dessus.

À ce moment-là, je relève que nombre de slogans féministes, provocants et assertifs, se dévoilent sur les tee-shirts de filles de ma classe et de ma fac – plutôt révolutionnaire – comme *« I've got the power », « Girl Power », « The Future is Female », « Pussy Power », « sexe fort », « male tears »*. Cheveux bleus ou roses, courts ou très longs, minijupe en jean, avec crop top porté confortablement sans soutien-gorge, beaucoup de jeunes femmes croisées en bibliothèque universitaire semblaient être dans le même état d'esprit que moi. Alors que nous nous libérions d'injonctions liées au corps féminin, nous nous en ajoutions d'autres, avec le succès du féminisme tel qu'on le voyait dans les clips.

Être féministe faisait déjà rêver en 2019. Sûrement plus encore aujourd'hui. Les célébrités comme Miley Cyrus, Beyoncé, Aya Nakamura, Shay, Cardi B et Nicki Minaj l'ont bien compris. Grâce à cette identité revendiquée comme féministe, elles entendent pour « redonner du pouvoir » aux femmes et s'émanciper, tout en restant quand même dans la norme attendue.

Dans son livre *Jeux de miroirs*[1], la journaliste et essayiste américaine Jia Tolentino écrit que le féminisme « *n'a pas éradiqué la tyrannie de la femme idéale, mais l'a plutôt enraciné et a rendu les choses plus délicates* ». En un sens, l'idéal féminin n'a pas besoin de s'éloigner du féminisme pour vivre. Pour cause, le féminisme est de plus en plus envisagé comme un atout permettant de se visibiliser et d'attirer, en prônant par exemple le fait de reprendre le pouvoir sur son corps. Le meilleur exemple reste celui de la mannequin Emily Ratajkowski, autrice de *My Body* (Seuil, 2022), qui ne cesse de promouvoir des discours sur la réappropriation de son corps en le rendant hypersexy et disponible aux yeux de tous. Son leitmotiv : je fais ce que je veux. Et elle a bien raison ! Le problème est que, derrière ce vernis féministe, ce type de figure d'*empowerment* contribue à élever des standards de beauté tyranniques, plutôt accessibles si l'on a un certain niveau de vie pour rafistoler les parties de son corps telles des pièces de voiture, et basés sur le désir masculin. Aussi, pour émerger massivement, ce féminisme a d'abord dû respecter les canons de beauté en vogue, ainsi que la logique capitaliste, avant d'être adopté et dupliqué à l'infini. Est-il vraiment si libéré que ça, finalement ? Difficile à dire, je suis moi-même versatile sur la question. Une chose est sûre : désormais, le bâton qui nous force à nous conformer chaque jour un peu plus à ces standards n'est plus tenu par personne d'autre que nous.

1. *Jeux de miroirs : réflexions sur nos illusions*, traduit de l'anglais (États-Unis) par Joséphine Gross et Elaine Krikorian, La Croisée, 2022.

Chapitre 5

Les mascus en sueur

Être un homme, un vrai

Nos jeunesses sont-elles fragmentées politiquement ? Plusieurs études anglo-saxonnes récentes pointent que, là où les filles sont de plus en plus progressistes, les garçons du même âge penchent de plus en plus du côté réactionnaire.

Un sondage de l'institut Gallup dévoilé par le *Financial Times*, le 26 janvier 2024, montre que les Américaines de 18 à 30 ans sont de 30 points plus libérales (de gauche, au sens américain) que leurs homologues masculins. Six années plus tôt, cet écart n'existait pas. Ce phénomène est loin de toucher seulement les États-Unis, il est global : Corée du Sud, Chine, Allemagne, Tunisie... Les pays occidentaux ne sont donc pas les seuls à voir leurs jeunes hommes devenir plus conservateurs.

Selon le dernier rapport du HCE sur l'état des lieux du sexisme en France, publié en janvier 2024, 37 % des hommes en France considèrent que le féminisme menace leur place au sein de la société.

Une fois ces constats faits, on ne peut ignorer la place prégnante du masculinisme dans nos vies. Le 22 mai 2024, ce terme est entré au Petit Larousse. D'après le dictionnaire, il s'agit d'un « *mouvement qui estime que l'homme souffre de l'émancipation des femmes* ». Autrement dit, il promeut la domination masculine à travers l'apologie du patriarcat. Une réponse à la supposée « crise de la masculinité » actuelle que l'on vivrait à cause des méchantes féministes qui luttent pour obtenir l'égalité femmes-hommes. Ici, ces hommes s'estiment être des victimes lésées de leurs droits à cause de ces avancées. En perte de repères, ils voudraient revenir à un passé fantasmé et retrouver une organisation hiérarchique basée sur la domination masculine et l'autorité incontestée de l'homme comme chef de famille.

S'il est de plus en plus présent dans les médias, ce mouvement n'est pourtant pas nouveau. De tout temps, il a existé. Mais le phénomène tel qu'on le connaît a commencé à avoir le vent en poupe dans les années 80 dans les pays occidentaux. Aux États-Unis, à la suite de plusieurs avancées des droits des femmes, il émerge. Toutefois, sa généralisation s'amorce vraiment dans les années 2000-2010, avec le développement des réseaux sociaux, qui permettent de viraliser certains contenus, parfois un brin provocateurs et tapageurs pour buzzer sur les plateformes, à la faveur des algorithmes. Le forum de discussion en est l'un des étendards principaux. Pour cause, au moment où l'on a commencé à obtenir plus d'égalité femmes-hommes, les seconds ont perdu le pouvoir qu'ils avaient d'obtenir plutôt facilement, voire automatiquement, des relations sexuelles. Or, plutôt que d'essayer de se rendre désirables, comme les femmes y ont été contraintes de tout temps pour plaire aux hommes, ils se sont mis à accuser la gent féminine d'être responsable de leur supposée « misère sexuelle ». D'où la haine des femmes. Un peu facile comme lien de causalité, n'est-ce pas ?

Force est de constater qu'à chaque fois qu'a lieu une avancée en faveur du droit des femmes, le mouvement masculiniste répond de son côté. C'est ce qu'on appelle le *backlash* (retour de bâton, en français). Théorisé par la journaliste Susan Faludi en 1991 dans son ouvrage *Backlash. La guerre froide contre les femmes* (Éditions des femmes, 1993 dans sa version française), il s'agit d'une violente réaction d'une partie de la société face au progrès des droits des minorités, comme les femmes.

De son côté, la mission interministérielle de vigilance et de lutte contre les dérives sectaires (Miviludes) estime que les influenceurs masculinistes peuvent réellement endoctriner leur public. À coups de stages pour « *trouver son mâle Alpha intérieur* », de programmes loufoques pour apprendre à draguer une femme, de techniques de manipulation fumeuses et de produits dérivés peu abordables, ces « coachs de vie » ont flairé le bon filon. Souvent avec des objectifs de performances personnelles, ils promeuvent des conseils sportifs, financiers, relationnels... pour devenir la meilleure version de soi (un #ThatGirl version mâle viril, finalement).

Or, souvent, ces influenceurs diseurs de bonne aventure s'attaquent à des cibles jeunes, plutôt fragiles et faciles à corrompre, parce que mal dans leur peau ou en difficulté avec les femmes, comme nous l'avons vu dans le chapitre 2. Dans son livre *Formés à la haine des femmes* (JC Lattès, 2023), la journaliste féministe et queer Pauline Ferrari s'est glissée dans la peau d'un jeune homme qui arrive sur TikTok ; elle constate rapidement que pléthore de contenus masculinistes, plutôt sensationnels, lui sont proposés à foison par l'algorithme.

Le problème du masculinisme est que, au-delà des mots et des imbrications avec d'autres mouvements complotistes et réactionnaires, il peut s'avérer dangereux quand certains hommes prennent les préceptes de leur Moïse masculiniste trop au sérieux. Preuve en est, le masculinisme tue. Aux États-Unis, au Canada, mais aussi dans l'Hexagone. En janvier 2020, le trentenaire Mickaël Philétas a tué son ex-petite amie Mélanie Ghione de 80 coups de couteau, a ensuite essayé de tuer et d'abuser de la sœur de Mélanie, mais aussi de tuer son nouveau conjoint de dizaines de coups de couteau. Dans *Le Parisien*, l'avocate générale a décrit un accusé ayant « *une haine homicidaire à l'égard des femmes* », en référence à l'existence d'une vidéo de cet homme également youtubeur « coach en séduction », intitulée « Comment dézinguer une ex ». Plus récemment, à Bordeaux, un homme de 26 ans a été interpellé alors qu'il prévoyait une tuerie de masse. Masculiniste, il était investi par la haine des femmes et tenait pour modèle Elliot Rodger. En 2014, cet homme *incel* de 22 ans tue six femmes et blesse quatorze autres personnes à Isla Vista, en Californie, avant de se suicider. Dans une vidéo publiée plus tôt, il accusait les femmes de ne pas vouloir avoir de relation sexuelle avec lui. D'autres tueries arrivent par la suite. Malheureusement, le regain masculiniste laisse à penser qu'il y en aura sûrement d'autres.

Le mâle sigma

Ce chef de meute qui se la joue loup solitaire

Nos tiktokeurs ont du talent (enfin, si l'on peut dire). Depuis 2021, des saynètes d'*American Psycho* (2000), film de Mary Harron tiré du roman de Bret Easton Ellis sur un tueur en série psychopathe, refont surface sur la plateforme de partage de vidéos chinoise. Plus de vingt ans après la diffusion du film, son personnage principal, Patrick Bateman, interprété par Christian Bale, est la star d'un même où on le voit les yeux plissés, les sourcils froncés, la bouche en forme de « O », symbole du « mâle sigma ». Le #sigma compte déjà 90,9 milliards de vues sur TikTok :

sous ce mot-dièse, on trouve aussi bien des vidéos de pop culture que des conseils de développement personnel pour tenter de devenir un équivalent de ce mâle prétendument dominant.

En 2010 apparaît la notion de « mâle sigma », fruit de l'esprit de l'écrivain de science-fiction suprémaciste blanc Theodore Robert Beale, également connu sous le pseudonyme de Vox Day. Le sigma aurait pour particularité d'être une sorte de loup solitaire doté d'un grand sens de l'indépendance. Cet archétype s'inscrit dans une hiérarchie sociosexuelle masculiniste imaginée par Vox Day, où différents types d'hommes sont classés dans une pyramide, en reprenant les lettres de l'alphabet grec, avec, au sommet, les mâles alpha en compagnie des sigma, puis les bêta, gamma, oméga. Alors que les alphas seraient extravertis, dominants, parlant fort pour montrer qu'ils sont là, les sigmas, plus discrets, détonnent.

Le sigma est au top de la hiérarchie tout en la récusant d'une certaine manière, ce qui en fait un profil encore plus désirable. En 2014, l'auteur John Alexander reprend cette idée farfelue pour en faire le sujet d'un guide en relations affectives, *The Sigma Male : What Women Really Want* (« le mâle sigma : ce que les femmes veulent vraiment », MindLoft Books, non traduit). À partir de là, les ouvrages de ce type s'enchaînent.

Et une relecture étonnante – et parfois choquante – de notre patrimoine de pop culture à l'aune de cette nouvelle échelle de valeurs se développe : sur TikTok, le film *American Psycho* est ainsi réévalué en raison du fort potentiel de « sigmattitude » de son héros. Aux oubliettes, le tueur en série. Aux yeux de ses admirateurs, Patrick Bateman n'est plus qu'un séducteur centré sur lui-même, ne se souciant pas des autres – qu'il découpe ses victimes à la hache n'est finalement qu'un détail. « *J'ai toutes les caractéristiques d'un être humain* », affirme sans ciller le psychopathe au début du film. D'autres figures populaires dénuées d'empathie ont émergé pour étoffer cet archétype, comme Tyler Durden de *Fight Club*, Tony Montana de *Scarface*, Thomas Shelby de *Peaky Blinders*, ou encore Nate Jacobs d'*Euphoria*.

Très confiant quant à ses capacités physiques et intellectuelles, le charismatique sigma est un leader naturel, assez silencieux. Contrairement à son confrère alpha, ce *golden boy* à qui la fortune sourit, il peut même briller par son absence. Les « batteries » sociales du sigma se déchargent en effet très vite. Il a peu d'amis, mais très proches, qu'il voit quand il le souhaite, sans se forcer. Autosuffisant, il s'investit peu dans les relations, n'ayant que lui-même comme priorité. Sa hantise ? Le *small talk*, ce bavardage improductif qui lui donne l'impression de perdre son temps. Autant plonger dans son monde intérieur, travailler dur ou prendre soin de soi, en suivant une routine millimétrée.

Selon ses promoteurs, le sigma, esprit affûté, séduirait beaucoup de femmes par son côté mystérieux et ses succès professionnels. Mais attention, il reste un homme froid, sans émotions, qui a de gros problèmes pour s'engager... soit peu ou prou la définition du bon vieux misogyne à l'ancienne. Comme quoi, on peut être un archétype d'aujourd'hui, tout en ruminant entre ses mâchoires carrées l'insensible morgue d'hier.

Le passport bro'

Ce néocolon en quête d'une épouse « tradi »

La question peut sembler loufoque : *« Comment utiliser son passeport pour séduire des Latinas ? »* La réponse ? *« Autour de minuit, prends ton passeport, secoue-le* [dans la rue] *et attends »*, conseille, dans une vidéo TikTok, le youtubeur américain Austin Abeyta, 32 ans. Juste avant qu'une jeune Colombienne aux longs cheveux bruns s'en saisisse, sourire aux lèvres.

Cette petite saynète humoristique est l'œuvre du créateur de contenus Digital Bromad (plus de 540 000 abonnés sur TikTok), dont le nom reprend le concept de « nomade numérique », ce télétravailleur en quête d'un confort de vie supérieur à l'étranger (voir chapitre 7). Sauf qu'ici, en changeant d'horizon, ce développeur voyageur recherche quelque chose de plus.

Sur son fil, il donne des conseils pour entrer en contact avec de jolies femmes en Colombie, mais aussi aux Philippines, en Thaïlande, au Brésil... Des destinations largement popularisées dans la communauté des *passport bros* (« frères dotés d'un passeport », en français), dont Digital Bromad est le chef de meute. Il s'agit d'hommes issus de pays occidentaux (de toute couleur de peau) profitant de l'attrait exercé par ce document sur des jeunes femmes en quête d'un avenir meilleur, ainsi que de leur fort pouvoir d'achat, pour vivre des aventures sexuelles en Amérique latine, en Asie ou en Europe de l'Est.

Comme le rappelle le *Salt Like Tribune*, le terme « *passport bro'* » est utilisé par le réalisateur afro-américain Al Greeze dans son documentaire *Frustrated*, en 2011. Il y filme des Noirs américains cherchant à rencontrer des femmes au Brésil. Selon les témoins interrogés, ces hommes connaîtraient un sentiment de déclassement face à des femmes noires vivant aux États-Unis, émancipées, gagnant parfois plus d'argent qu'eux, et donc censément moins respectueuses de leur statut revendiqué de mâle dominant. D'où la publication de petites vidéos YouTube dispensant conseils et stratégie pour avoir des relations avec des étrangères. Il faut attendre 2019 pour que le #passportbros migre sur TikTok.

Dans son propre pays, le *passport bro'* peine à « matcher » sur Tinder – et la tendinite du pouce le guette. Il s'estime victime de la « misère sexuelle » causée par l'endoctrinement « woke » des femmes. Telle une fratrie accidentée par les évolutions sociétales, lui et ses congénères se serrent les coudes face aux Occidentales, jugées distantes, méprisantes.

Alors, pour en revenir à une distribution genrée des rôles dans le couple, ce grand nostalgique s'envole vers des destinations où il estime pouvoir encore être traité avec les égards qui lui seraient dus, et rencontrer de belles femmes, élevées de façon traditionnelle, perçues comme douces, féminines, sexuellement disponibles, et qui ne rechigneront pas à faire la cuisine et le ménage.

Quand des féministes le qualifient de néocolon alimentant un tourisme sexuel, qui exploite des femmes qu'il ne comprend souvent même pas, il ne peut s'empêcher de filmer l'une de ses prises pour la faire s'exprimer à ce sujet, en accord avec le fait que les Occidentales ne sont plus très conciliantes avec lui et ses confrères. Telle une fratrie de nécessiteux victimes des évolutions de la société, les *passport bro'* se serrent les coudes face aux méchantes Occidentales qui les narguent.

Il n'empêche que ce « roi du monde » n'échappe pas aux affres des pays qu'il côtoie. En Colombie, l'ambassade américaine a alerté les touristes après que 8 hommes ont été tués par des gangs à Medellín en deux mois, à chaque fois alors qu'ils allaient rencontrer des femmes matchées sur des applications. Il s'agissait sûrement de guet-apens pour les attirer en les amadouant avec des profils féminins.

Fétichisant ces femmes-trophées, tel un fruit « exotique » obtenu à bas prix, ce néocolon perpétue une logique de domination économique.

Sorte de Gauguin 2.0, en pleine extase à Tahiti devant des vahinés subjuguées par son aura, ce grand naïf néglige toutefois une chose : une fois son titre de séjour obtenu ou de l'argent mis de côté, il y a des chances pour que sa dulcinée, souvent bien plus jeune que lui, prenne la tangente. Le masculiniste au baluchon n'aura plus alors qu'à filer retrouver une autre poupée faussement obéissante, interchangeable à l'infini.

Le simp

Cet internaute en chien

Depuis 2019, la plateforme Twitch, consacrée aux jeux vidéo, propose une nouvelle fonctionnalité, « Just Chatting », qui permet de simplement discuter, dans laquelle on trouve une thématique prisée : « piscines, jacuzzi et plage ». C'est dans cette vitrine virtuelle qu'officie DoubleDDarcee. Ses streams mêlent échanges écrits et poses aguichantes face caméra. Pour que la demoiselle aille troquer son bikini échancré blanc contre un bikini échancré rose, il faudra encore quelques abonnements payants (« subs » dans le jargon), souscrits par des anonymes au cours du live de la streameuse.

Comme elle, des femmes en maillot de bain s'ébrouant au milieu d'une eau qui glougloute, parfois assises sur une bouée banane (oui, la symbolique ne fait pas dans la dentelle), font turbiner cette sous-culture internet qui hésite entre le peep-show 2.0 et le calendrier *Sports Illustrated* animé. Communiquant par tchat avec leurs nombreux spectateurs et adoptant des positions parfois très suggestives devant leur *livecam*, ces entrepreneuses émoustillent un public pantois d'hommes prêts à faire chauffer leur carte bancaire pour une once d'attention en retour : les *simps*. Un clin d'œil, un petit mot sur le tchat, son nom écrit quelque part : il n'en faut pas plus au *simp* pour se sentir soudain exister.

À l'origine, cette insulte – puisque c'en est une –, popularisée par les rappeurs dans les années 80, vient de l'anglais *simpleton* (« benêt », en français). Elle est ensuite reprise par les masculinistes MGTOW (Men Going Their Own Way, « les hommes qui suivent leur propre chemin »). Haïssant la gent féminine, qu'ils trouvent abjecte, ils détestent tout autant les *simps*, qu'ils perçoivent comme des groupies haletantes. Des mecs si faibles qu'ils feraient passer la quête d'attention féminine avant la franche camaraderie masculine. Dans les commentaires et sur les réseaux sociaux, le terme est donc souvent employé de manière moqueuse, voire dégradante, servant parfois à des campagnes de harcèlement. Il n'est pas simple d'être un *simp*. Tant et si bien que, fin 2020, Twitch annonce bannir le terme de son tchat.

Le problème du *simp*, c'est qu'il est coincé entre un masculinisme toxique qui veut lui faire la peau et une marchandisation banalisée du corps de la femme. Forte de ses 6,4 millions d'abonnés sur Twitch, la Texane Amouranth (Kaitlyn Siragusa de son vrai nom), 29 ans, est l'une des stars de la plateforme. Cette rousse pulpeuse à la peau laiteuse a bien compris comment se servir de ce site comme hameçon, pour ensuite rabattre ses adorateurs vers son compte OnlyFans où, sur abonnement, elle publie du contenu « très exclusif ». À comprendre : érotique et pornographique. Là encore, le *simp* n'hésite pas à sortir le portefeuille pour se faire croire qu'il noue une relation personnelle avec son idole. Ainsi, quand la jeune femme inscrit au marqueur le pseudo de l'abonné fanatique sur sa poitrine, ses bras ou ses cuisses, le *simp* éclate de joie, comme s'il avait atteint l'épiphanie. « *Ça y est, la callipyge m'appartient* », se dit-il.

Quand la streameuse annonce qu'elle va fermer sa chaîne, faute de *subs*, l'homme sans visage se mobilise alors pour sauver ce compte, comme s'il volait au secours d'une douce princesse en danger. Méprisé par les masculinistes, le *simp* l'est aussi par les féministes, qui lui reprochent de courir derrière la chimère rétrograde de la femme-objet. Comme dans le clip *Simp*, où les rappeuses Rico Nasty et Lil Mariko se moquent de cette figure, qu'elles présentent comme un homme soumis et pathétique. Pour une fois que féministes et masculinistes s'accordent sur un point...

L'incel

Ce célibataire par dépit

L'incel, contraction de « *involuntary celibates* », est un homme masculiniste adepte de thèses complotistes. Ces hétérosexuels célibataires par dépit sont des hommes qui se sentent rejetés et moqués par les femmes. Par conséquent, ils adoptent des attitudes misogynes nourries de haine, qu'ils partagent sur Discord, le forum 4chan ou encore sur le site français jeuxvideo.com. Malgré les apparences, l'expression ne vient pas d'un homme, mais d'une utilisatrice surnommée Alana. En 1997, elle explique sur un site d'entraide sa condition de célibataire involontaire, faute de trouver une petite amie. Par la suite, le terme se popularise et prend la connotation moins sympatoche qu'on lui connaît désormais.

Pour l'*incel*, la femme est la résurrection du diable, une tentatrice aveuglée par la beauté, avide de « Chads ». Dans leur vocabulaire, un Chad est un homme à femmes séduisant et couronné de succès, que les Stacys, ces femmes également attirantes, leur préféreraient. Ainsi, la responsabilité de leur austérité sexuelle est mise sur le dos des femmes, jugées superficielles et hypocrites. Grande victime, l'*incel* voit d'un mauvais œil les progrès faits en matière de droits des femmes. Revendicatif, il craint de perdre sa place privilégiée. De nature jalouse, il hait les femmes, mais aussi les hommes qui arrivent à vivre en paix avec elles. Et plus encore les *simps*, ces « faiblards », prêts à payer pour certaines prestations de *cam girls* sur Twitch.

Pour évacuer ses frustrations, il lance des raids sur une cible, souvent une personnalité féministe, qu'il harcèle en ligne dans le but de l'humilier et de l'apeurer. Des attaques allant des piques potaches aux appels au viol et autres menaces physiques envoyées de façon massive et répétitive, qui peuvent aller plus loin.

« *Dans leur tête, il est évident que le féminisme est un instrument pour affaiblir la société blanche* », analyse Jan Op Gen Oorth, le directeur de la communication d'Europol, au micro de l'émission « Vox Pop » d'Arte en 2021, en prenant la mesure de leur potentielle dangerosité. En tout cas, les *incels* ne sont pas près de trouver chaussure à leur pied !

L'e-girl

Cette gameuse très joueuse

Visage poupin, cheveux rose pastel et casque avec oreilles de chat, l'*e-girl* s'adresse face caméra à ses abonnés depuis son fauteuil rose de gameuse, assorti aux néons qui décorent sa chambre. Mais ne nous fions pas aux apparences, l'*e-girl* – pour *electronic girl* (dans le sens « technologique ») – n'est pas qu'un archétype tapi derrière nos écrans. Dans l'usine à profils qu'est TikTok, le #egirl compte déjà 2,5 millions de publications.

À l'origine, ce terme définit au début des années 2000 les jeunes femmes qui diffusent en direct sur internet leurs parties de jeux vidéo. Problème : la communauté des gameurs, plutôt masculine et parfois sexiste, donne une connotation péjorative au terme, qualifiant les *e-girls* de femmes qui cherchent à attirer l'attention des hommes. Rapidement, les *cam girls*, qui streament sur Twitch dans le but de promouvoir leur compte privé sur des plateformes comme OnlyFans (où, sur abonnement, elles publient du contenu pornographique), se sont approprié ce terme.

L'*e-girl* sud-africaine Belle Delphine a par exemple vendu, en 2019, des bouteilles remplies de l'eau de son bain à des « *gameurs assoiffés* » pour la modique somme de 30 dollars l'unité, quand d'autres proposent à des hommes de jouer avec eux contre rémunération.

Ces agissements des *cam girls* mettent des bâtons dans les roues des vraies streameuses, qui ne sont pas prises au sérieux, toujours questionnées sur leur intention réelle et leur passion pour les jeux – comme si les femmes ne pouvaient pas nourrir un intérêt sincère pour les jeux vidéo. Certaines affrontent d'ailleurs le feu croisé de cyberharceleurs dès qu'elles montrent le moindre bout de peau.

Il faut attendre l'année 2019 et l'explosion de TikTok pour que cette posture devienne une esthétique revendiquée. Les femmes concernées se réapproprient un terme perçu comme injurieux pour en faire une force. Cette année-là, « e-girl style » fait partie des dix tendances modes les plus cherchées sur Google, selon *Business Insider*.

La popularité de cette expression est aussi liée à un fait divers sordide : le

meurtre de l'*e-girl* américaine Bianca Devins, 17 ans, égorgée en 2019 par un jeune *incel* rencontré en ligne, avec lequel elle avait noué une relation amicale. Il a ensuite diffusé des photos du corps sans vie de sa victime sur les réseaux. Cette tragédie a permis de mettre en lumière le fait que ces jeunes femmes sont régulièrement menacées en ligne, avec des prolongements parfois funestes dans la vie réelle.

Biberonnée aux musiques de Billie Eilish et de Doja Cat, l'*e-girl* superpose les inspirations (comme les vêtements). Cela en fait une créature syncrétique, qui digère les différents courants de la pop culture : mode des années 90-2000, culture emo (style musical de pop punk), look gothique, de skateur, BDSM, K-pop, kawaï, cosplay, anime, jeux vidéo, cyberpunk... avec de lourdes chaînes autour du cou.

Pleine de ressources, l'*e-girl* aux fausses taches de rousseur emprunte aussi parfois les codes du registre érotique du *hentaï*, comme quand elle se fait des couettes, parle d'une toute petite voix ou qu'elle réalise son meilleur *ahegao* (elle roule des yeux et tire la langue pour mimer une scène de jouissance). Y aurait-il là une manière de se moquer des jugements péremptoires qui, quoi qu'on fasse, constituent le carburant bien peu empathique de la vie en ligne ?

Le philogyne

Ce prédateur masculiniste

Si vous êtes une femme et que vous passez souvent à Châtelet-Les Halles, dans le ventre de Paris comme l'appelait Émile Zola, vous avez peut-être déjà été confrontée à des « philogynes ». Il s'agit de groupes d'hommes de 20 à 30 ans, qui se retrouvent pour aborder le plus de femmes possible dans la rue en un temps record, comme le faisaient dès les années 90 les « séducteurs » de la communauté des « pick-up artists » – sans se revendiquer clairement de cette ascendance.

Cette activité est ce que les philogynes appellent du « badinage ». Dans le documentaire *Mascus. Infiltration chez les hommes qui détestent les femmes* de France.tv, diffusé depuis avril 2024, le journaliste Pierre Gault s'infiltre dans une conversation privée sur Discord et participe, gêné, à deux de ces sessions virilistes chronométrées.

Ici « *la femme n'est qu'un chiffre, un défi, rien d'autre. Peu importe la fille, la conquérir, c'est se prouver qu'on est un homme* », conte Pierre Gault en voix off. Même plus vraiment une femme-objet, une simple femme-data. Puis il s'agit de faire un débrief de sa chasse en ligne, avec le nombre de femmes abordées, de rejets et de numéros pris (souvent très faible voire quasi inexistant, comme on pouvait s'y attendre).

À l'origine, « philogyne » désigne un adorateur des femmes. Le terme a été déterré d'un dictionnaire poussiéreux par le chef de file de la communauté, Léo. Sur sa chaîne YouTube Les philogynes, suivie par plus de 120 000 abonnés, il dévoile des « *techniques controversées (mais redoutables)* », à destination d'hommes hétérosexuels en galère affective. D'après les photocopies de ses diplômes sur son site, il serait titulaire d'un master de psychologie.

De la supposée « *crise de la masculinité* » émane alors un mercantilisme décomplexé. Pour s'abonner à son boys' club, « *véritable laboratoire en matière de psychologie de la séduction* », il faut débourser la modique somme de 336 euros par an afin d'obtenir un suivi personnalisé chaque mardi soir, un accès au salon privé Discord ainsi qu'aux sorties « badinage ». Sinon, pour une séance de coaching d'une heure au téléphone avec Léo, comptez 300 euros.

Hostile aux études de genre, le philogyne, bercé par les discours rances d'Éric Zemmour et d'Alain Soral, se reconnaît davantage dans les théories essentialistes liées à la biologie (« *Les femmes sont-elles irrationnelles ?* », « *Ce que Tinder fait au cerveau des femmes* »).

Le journaliste Paul Conge, auteur de l'essai *Les Grand-Remplacés. Enquête sur une fracture française* (Arkhé, 2020), a lui aussi infiltré ces groupes. Dans son livre, il mentionne certains messages vocaux qu'il a pris le soin d'enregistrer. Comme celui dans lequel Léo donne des conseils pour lever la « *last minute resistance* ». Soit le fait de « *tordre le consentement* » d'une femme quand elle refuse au dernier moment d'avoir un rapport sexuel.

S'il se rêve en anthropologue érudit, ce philogyne masculiniste adopte surtout des comportements de prédateur face à des femmes animalisées, perçues comme des proies dénuées de conscience et d'intelligence. Malheureusement, ses failles narcissiques l'empêchent de prendre conscience que le seul animal, ici, c'est bien lui.

Chapitre 6

Asian Fever

La vague *hallyu*

Depuis la fin des années 90, une étrange vague coréenne au nom chinois déferle sur le monde : *la hallyu*. Séries K-drama, musique K-pop, e-sport, K-beauty, mode, cuisine, webtoon... tous les pans de la vie coréenne sont désormais exportés sous forme de produits culturels. De ce fait, la nation du Matin calme dispose d'un énorme *soft power*, qui lui confère un côté cool minutieusement marketé, au profit de ses intérêts. En 2020, ce phénomène passe un cap : les exportations de contenus culturels coréens augmentent de 16,3 %. Au même moment, les autres types d'exportation sont fortement impactés par la crise Covid. Une prouesse plutôt exceptionnelle pour la Corée du Sud. Preuve de son influence, le Oxford English Dictionnary (OED) a ajouté vingt-six mots coréens en 2021.

Sur TikTok, plateforme phare des jeunes, on tombe souvent sur des clips de stars coréennes comme Aespa, BTS, ou Blackpink, dont les chorégraphies sont ensuite reproduites par milliers sur l'application. Mais aussi dans la réalité. Baladez-vous dans le quartier d'affaires de La Défense en fin de semaine, et vous tomberez un peu partout sur des jeunes, smartphone posé sur un bloc de béton pour enregistrer leur performance, en train d'effectuer à merveille une danse. Parfois, devant la Grande Arche, des collégiens et lycéens se regroupent par centaines dans ce même but. Sur les escaliers du bâtiment, les curieux se réjouissent du spectacle. Une façon de vivre la Corée du Sud depuis la France et surtout de voir à quel point cette riche culture a déteint sur nos modes de vie.

Mais ce pays n'est pas le seul à tirer profit de la fascination que les Occidentaux portent à ces pays développés, en avance technologiquement. Le Japon cristallise nombre de fantasmes et de passions. Taïwan intéresse aussi de plus en plus. De même pour les grandes villes chinoises comme Shanghai, Hong Kong...

Car oui, Gen Z comme Gen Alpha (la génération juste après) lorgnent vers l'Asie. Et donc moins vers les États-Unis, culture jusqu'alors plus que dominante. Un envoûtement intéressant à analyser à plusieurs niveaux, comme nous allons le faire, sur le développement d'une civilisation du « *chill* » où les loisirs d'intérieur priment. Mais aussi sur la volonté plus questionnable de se reconnecter à des racines asiatiques que l'on ne possède pourtant pas.

L'otaku

Ce casanier invétéré fan de culture nippone

En feuilletant un manga dans sa traduction française, il n'est pas rare de tomber sur un mot nippon répandu dans l'archipel : *otaku*. Anciennement utilisé en japonais pour vouvoyer son interlocuteur, il se traduit littéralement par « celui qui s'abrite chez lui ». Le terme, dans son acception actuelle, est popularisé en 1983 par l'essayiste Akio Nakamori, devenu porte-parole de la communauté *otaku*.

Utilisé de façon péjorative, il définit un homme, obsédé par des loisirs d'intérieur liés à la culture nippone et à l'hypertechnologisation du quotidien, provoquant une sorte de *« démission sociale »*, comme l'évoquait déjà le chercheur français Nicolas Oliveri, en 2007, dans son article « Le phénomène japonais *otaku* », paru dans la revue *Communication & Langages*. Car ce personnage a essaimé, dès les années 80-90, en Occident, et plus particulièrement en France, notamment à travers l'émission jeunesse « Club Dorothée », diffusée sur TF1 de 1987 à 1997. Les animes – ces séries d'animations souvent tirées de mangas – y avaient une place de choix et ont bercé toute une génération dans cet univers japonisant.

Blotti dans une réalité factice, l'*otaku* français comme japonais collectionne les figurines d'anime et possède une *waifu* (qui représente son idéal féminin et pour laquelle il éprouve une attirance, voire de l'amour. Abonné au *Weekly Shonen Jump* – un hebdomadaire de prépublication de mangas, qui a donné naissance aux succès d'édition *Dragon Ball* ou *One Piece* –, l'*otaku* hexagonal le traite comme une relique ; cependant, le magazine étant écrit en japonais, il ne pourra jamais vraiment le comprendre.

Ce dernier sort peu et bénit le télétravail. Depuis la pandémie de Covid-19, il a l'impression d'avoir gagné au change avec la reconnaissance du travail hybride. C'est d'ailleurs à ce moment-là qu'il a vécu la meilleure période de sa vie, confiné à la maison telle une chenille dans son cocon de soie.

Grand casanier, donc, il peut rester des semaines d'affilée chez lui. Les courses ? Il se les fait évidemment apporter à domicile. Quand le frigo est vide, les applications de livraison de repas sont ses meilleures amies.

Yakisoba et baguettes en main, il s'assied en tailleur et regarde une vidéo du youtubeur français LeChefOtaku (plus d'un million d'abonnés) sur son écran d'ordinateur.

Dès qu'il le peut, il suit un tutoriel pour apprendre à réaliser des mochis, de petits gâteaux confectionnés avec du riz gluant, ou un ramen, bol de soupe à base de bouillon miso, de nouilles et de viande. La gastronomie japonaise est une passion, à tel point que, s'il vit en région parisienne, il se rend chaque semaine dans une des adresses asiatiques de la rue Sainte-Anne, dans le cœur de la capitale, histoire de déguster des mets gourmands avec sa bande de copains.

Contrairement à ce que l'on pourrait penser, cette communauté virtuelle popularisée par internet est très vivante dans la vie réelle. Chaque année, en juillet, l'*otaku* se rend ainsi en tenue de cosplay, c'est-à-dire dans la peau d'un personnage de fiction, à la Japan Expo, un événement promouvant la culture populaire japonaise, des traditions au manga, en passant par la J-pop ou les jeux vidéo, organisé au Parc des expositions de Paris-Nord-Villepinte.

Depuis quelques années, le terme « *otaku* » a une définition plus large au Japon. Il recouvre désormais l'ensemble des personnes adeptes d'activités d'intérieur, y compris le puzzle ou le crochet. Mais ce personnage a aussi acquis une connotation plus positive. En France, il redore l'image du Japonais asocial, le visage plein de boutons, et devient un geek sympa pas trop prise de tête.

Le weeb

Cet apprenti Japonais qui vit dans le cliché

Dans un article du *Monde* de mai 2024, Maïa Mazaurette rappelait que, depuis 2019, les requêtes les plus fréquentes sur la plateforme PornHub sont « *hentaï* » et « *japanese* ». La prolifération en Occident de la figure du *weeb*, ce nerd fasciné par les mangas et la K-pop, s'inscrit dans un mouvement plus global d'érotisation de l'Asie. Contrairement à ce qu'on pourrait penser, cette réduction du mot « *weeaboo* » n'a pourtant rien à voir avec la langue nippone. En 2005, Nicholas Gurewitch l'utilise pour la première fois dans la BD à l'humour noir *The Perry Bible Felloswhip* (publiée en français aux éditions Lapin, 2015). Puis l'expression se répand à travers le forum masculiniste 4chan. Les internautes s'en servent pour se moquer des personnes blanches excessivement passionnées par la culture japonaise.

Déjà, en 2002, apparaissait un autre néologisme sarcastique, désignant sensiblement la même chose. Le terme « *wapanese* » est une contraction inventée par les Nippons entre « *wannabe Japanese* » (« Japonais en devenir ») et « *white Japanese* » (« Japonais blancs »), pour s'amuser des Occidentaux obsédés de façon malsaine par leur culture, en une démarche qui flirte souvent avec l'appropriation. Ce japanophile passionné de mangas, de jeux vidéo, de J-pop, adore afficher ses goûts aux yeux de tous. Sweat-shirt à capuche siglé « *My Hero Academia* » sur le dos, ce puriste porte également une extrême attention à sa décoration d'intérieur (et sans doute aussi mange-t-il des ramens).

Plutôt de nature introvertie, le *weeb* aime se plonger dans son petit monde protecteur. Dans sa chambre éclairée par des néons de couleur trônent les figurines de ses animes préférés et des murs de mangas exposés tels des fétiches antiques et classés avec une précision maniaque. Sur ses réseaux sociaux favoris – X, Discord et Twitch –, il opte pour une photo de profil mettant en avant son personnage préféré d'anime. Parfois, il s'agit d'une femme plantureuse. Ou encore d'une « loli », soit une fillette ou un personnage en ayant l'apparence.

Se considérant comme l'expert incontestable de tout ce qui a trait au Japon, le *weeb* n'hésite pas à vous corriger si vous parlez du manga phare *L'Attaque des Titans* : « *C'est* Shingeki no Kyojin, *en fait.* » Il vous reprendra également pour votre prononciation douteuse de l'omelette nippone : « *On dit tamagoyaki !* »

Malgré ses nombreux voyages en Asie, le *weeb* rêverait d'y retourner, et pourquoi pas de s'y installer un jour. À chacun de ses retours dans l'Hexagone, il est touché par un mal du pays fulgurant (pas de son pays d'origine, non, de son pays d'adoption, son pays de cœur). Fasciné, il repense à comment tout semblait mieux là-bas, au pays du Soleil levant comme au pays du Matin calme, à leurs habitants disciplinés, à leurs rues propres, à leurs *bubble teas* (« thés à bulles ») de la mort. Et tant pis si ses souvenirs relèvent du fantasme.

Secrètement, il est persuadé qu'il n'est pas né dans le bon pays. Ni dans le bon corps. S'il sait que ces idées sont peu orthodoxes, il ne peut s'empêcher de regretter le fait d'être occidental. Pour contenter son fétichisme de l'ailleurs, il cherche désespérément une femme d'origine asiatique sur Tinder. Après tout, quelle plus belle « figurine » pourrait témoigner de sa passion pour l'Asie ?

Le mukbanger

Ce goinfre prêt à se rendre malade pour devenir célèbre

Dévorer vingt pizzas, cinq giga tacos, cinquante smash burgers... Une orgie de *junk food* à faire vomir, c'est ce qu'ingurgitait dans ses vidéos le youtubeur français AlanFood-Challenge (800 000 abonnés), surnommé « le mangeur fou ».

Mais comment rebondir quand on bâtit son succès sur une performance spectaculaire, garantie sans triche, mais qui s'avère simulée ? En juillet 2023, il s'est fait démasquer en direct sur la chaîne Twitch IbraTV. Theo Malini (un autre vidéaste) l'a accusé de truquer ses vidéos en les accélérant et en coupant des passages. AlanFoodChallenge a expliqué ensuite sur YouTube qu'il avait dû « embellir » ses défis à cause de la pression des sponsors. Et a tenté, lors d'un live sur Twitch, de prouver sa bonne foi en engloutissant à la suite plusieurs méga tacos... Mais il a calé au bout d'une demi-tortilla.

Le terme *mukbang* est un mot-valise coréen, contraction de « manger » et « diffuser ». C'est en Corée du Sud, en 2009, que la chaîne de streaming AfreecaTV a diffusé pour la première fois ce type de contenu. On surnomme alors les streamers spécialisés dans la consommation pantagruélique d'aliments en live les « BJ » (*broadcast jockeys*), rémunérés grâce aux dons des spectateurs. Au début des années 2010, le phénomène prend de l'ampleur dans le pays. Preuve de sa popularité : des séries de K-drama se sont approprié le thème, comme *Let's Eat* (2013), dont les quatre héros passent leur temps à bâfrer.

Le plus souvent, les créateurs de contenus se connectent à l'heure du repas. Leurs abonnés peuvent ainsi lancer le live sur leur téléphone et dîner avec eux. En Corée du Sud, partager son repas est très important. Nombre de jeunes venus s'installer dans la mégalopole de Séoul vivent dans de très petits appartements, seuls, et ils affrontent une compétition exacerbée dans le monde du travail. Quand ils rentrent chez eux, ils tchattent pour rompre leur solitude.

Le phénomène ne se cantonne pas à la Corée du Sud. Aux États-Unis, rien de nouveau. Les championnats « du plus gros mangeur », déjà bien ancrés culturellement, trouvent un large écho sur les réseaux sociaux. En 2016, Twitch introduit une nouvelle catégorie nommée « alimentation sociale » pour répertorier ces contenus, devenue par la suite « nourriture & boissons ». De leur côté, les *mukbangers* occidentaux ne recourent pas tellement au live et préfèrent enregistrer des vidéos.

Conscient que le public est friand de *food porn* – cette érotisation de l'acte de manger, d'où les vignettes rouge orangé alléchantes – et très sensible à l'ASMR, le *mukbanger* multiplie les stimuli, fait craquer la chapelure du poulet frit, mastique goulûment la chair du volatile et exagère les bruits de succion. Pour gagner des vues – et de l'argent –, il doit sans cesse relever des défis de plus en plus absurdes, comme engloutir un poulpe vivant (de quoi faire pâlir Brigitte Bardot) ou des mets très, très épicés.

Quand il reste svelte malgré ses repas à 10 000 calories, il aime expliquer qu'il a juste un bon métabolisme et pratique beaucoup de sport. En oubliant de mentionner les prises de laxatifs et le fait qu'il va se faire vomir après les sessions. Ou encore, comme AlanFoodChallenge, qu'il coupe les scènes où il recrache la nourriture (bonjour, le gaspillage !).

D'autres auraient mieux fait de truquer leurs vidéos. En 2021, le *mukbanger* italien Omar Palermo meurt d'une crise cardiaque à l'âge de 42 ans. L'Américain Nikocado Avocado, fort de ses 3,69 millions d'abonnés, a, lui, plus que doublé de poids pour atteindre 160 kilos. Souffrant désormais d'obésité, de diabète, d'apnée du sommeil et de problèmes de santé mentale, le jeune homme de 32 ans est à la tête de six chaînes YouTube... Ce qui lui a permis de s'offrir un penthouse à Las Vegas (Nevada) pour 2,3 millions de dollars. Pas sûr qu'il ait le temps d'en profiter. Comme disait Michel Piccoli dans le film *La Grande Bouffe* (1973) : « *Mange, sinon tu ne vas pas mourir.* »

L'ère du chill

Rester à la maison est devenu la panacée. La pandémie de Covid-19 n'est pas étrangère à cela. Quand le monde entier s'est arrêté de tourner à une vitesse effrénée, beaucoup ont enfin pris le temps de réaliser des activités d'intérieur qu'ils n'avaient jamais le temps de faire en temps normal, À chacun ses obsessions personnelles. Loin du productivisme, certains ont eu du mal à ressortir de chez eux, voire ont ressenti une peur sociale ou une angoisse : c'est ce qu'on a appelé le « syndrome de la cabane ». Les résultats de l'étude publiée par la fondation Jean-Jaurès en collaboration avec l'Ifop, relayés par BFM TV en 2022, montrent que, depuis la pandémie, la majorité des Français ont perdu leur motivation. « *45 % des Français se disent fréquemment atteints d'une envie de rien, qui va jusqu'à les dissuader de sortir de chez eux.* » Une « épidémie de flemme » encore plus vraie chez les plus jeunes, avec 40 % des 25-34 ans indiquant être moins motivés qu'avant (contre seulement 21 % des plus de 65 ans). Le mot « *chiller* », (de l'anglais « *to chill* ») a fait son apparition dans Le Petit Robert édition 2023 pour désigner le fait de prendre du bon temps à ne rien faire. En d'autres termes, nous sommes dans l'essor d'une société de loisirs, dans laquelle le travail prend moins de place.

Depuis les confinements successifs, la vie a repris. Cependant, nombre de jeunes privilégient leur petit cocon réconfortant, l'extérieur étant perçu comme plus aléatoire et moins confortable. En 2021, le Syndicat national des discothèques et lieux de loisirs a d'ailleurs annoncé 430 fermetures d'établissements, soit presque 30 % des espaces de fête. On ne sort plus autant qu'avant. Et quand on sort, c'est souvent pour s'immerger dans un cocon censé être inclusif, qui en devient exclusif à force : on y dresse un pont-levis à l'entrée pour filtrer les éventuels éléments problématiques. Un fonctionnement presque « par algorithme », où l'on accepte que l'on nous propose seulement des contenus en lien avec nos affinités. La fête, on la fait comme à la maison : en s'habillant, chantant, dansant comme on veut, et en toute liberté, sans risquer de se prendre une main aux fesses ou d'être drogué. La journaliste féministe Mona Chollet, autrice de *Chez soi : une odyssée de l'espace domestique* (La Découverte, 2015), raconte dans son essai ce que cela fait d'être casanière dans un monde qui promeut l'extraversion et l'extériorité. Son métier peut donner l'impression qu'elle a toujours le nez dehors. Son livre est une forme de manifeste éclairé des introvertis, une revanche même. Encore plus à l'aune du Covid-19.

Les race change to another

Ces ados en quête d'une coréanité fantasmée

Cheveux rose pastel, teint *glowy* avec les joues rosées popularisées par le maquillage *douyin*, adopté par les influenceuses asiatiques, la tiktokeuse américaine Carley, la vingtaine, explique dans une vidéo tutorielle comment se créer des yeux monolides, aux paupières sans plis, très communs parmi les populations d'Asie. Pour cela, elle tire sa double paupière à l'aide de deux doigts pour faire disparaître une strate de peau. Le résultat – une sorte de chirurgie sans chirurgie – est bluffant : d'un coup, les origines de la jeune fille sont moins évidentes.

Dans d'autres vidéos, l'influenceuse conseille sa communauté de *race change to another* (RCTA, personnes en « transition de race »), qui rassemble ceux qui cherchent à s'assimiler à une autre ethnie que la leur, en utilisant des montages photo, du maquillage ou en ayant recours à la chirurgie esthétique. Le plus souvent, l'objectif est d'obtenir des traits physiques que l'on trouve chez les Coréennes, nouvel idéal de beauté diffusé notamment par la musique K-pop et les séries K-drama.

Si le « transracialisme » reste un phénomène marginal, Carley est loin d'être la seule à s'intéresser à la question : le #rcta compte déjà 388 millions de vues, et le #rctakorean, 5,4 millions sur le réseau social chinois. S'il est difficile de définir clairement l'origine de cette tendance, l'Américaine Rachel Dolezal, qui faisait les gros titres de la presse américaine en 2015, en est incontestablement une des figures de proue.

Comme le raconte le documentaire Netflix *Rachel Dolezal, un portrait contrasté*, cette activiste de l'Association nationale pour la promotion des gens de couleur (NAACP), aussi connue sous le nom de Nkechi Amare Diallo, s'est fait passer pour afro-américaine pendant plus d'une décennie. En 2015, ses propres parents dénoncent la supercherie, créant un énorme scandale qui la poussera à la démission. Mais Rachel persiste et signe, affirme se sentir noire depuis toute petite, et revendique le fait d'être la première personne identifiée comme « transraciale ». C'est là que ce terme, jusqu'alors employé pour désigner des enfants adoptés par des parents d'ethnies ou de cultures différentes des leurs, prend une autre signification.

Des années plus tard, des serveurs Discord consacrés à la pratique du RCTA voient le jour, avant que le terme gagne en popularité sur TikTok. Ce sont généralement des jeunes filles, souvent blanches, qui disent vouloir « changer de race » pour devenir coréennes, mais également japonaises ou chinoises, origines auxquelles elles affirment s'identifier davantage. On retrouve d'ailleurs le même vocabulaire que dans la transition de genre, comme celui du *deadnaming* (« morinommage » en français), expression désignant le fait de ne pas souhaiter se faire appeler par son ancien prénom, auquel on ne s'identifie plus.

En 2021, l'influenceur britannique Oli London réalise une double transition de genre et de « race ». En dépensant 140 000 dollars lors de dix-huit opérations de chirurgie esthétique, il se définit alors comme étant une femme coréenne. Chef de file du mouvement RCTA, Oli London a depuis « détransitionné » et embrasse désormais une position tout autre dans son livre *Detransition : A Memoir* (Skyhorse Publishing, 2023, non traduit). Il y encourage à davantage questionner les tendances sociétales avant de les suivre.

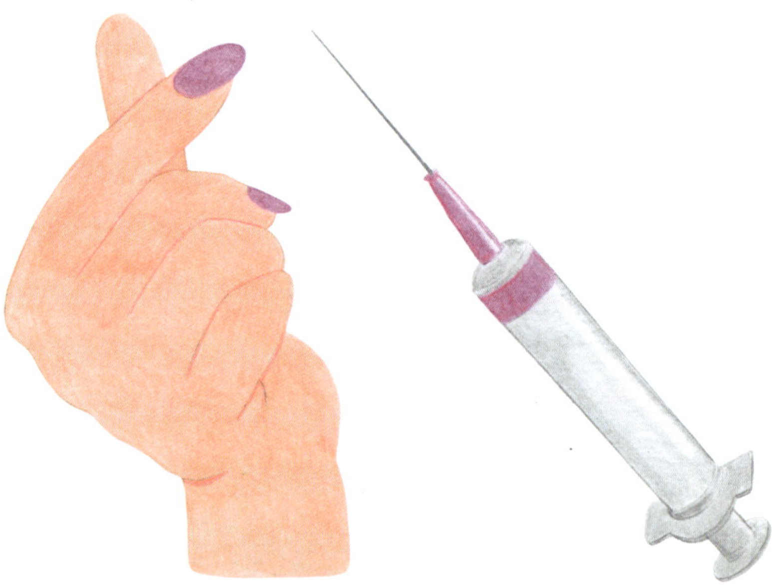

« *J'aurais voulu être né·e asiatique* »

Si vous suivez l'actualité des réseaux sociaux et de la pop culture, vous n'avez sans doute pas pu passer à côté de plusieurs phénomènes. Tout d'abord, la décennie 2013-2023, avec ses préceptes de body positivisme et d'inclusivité, a été le terreau de nouveaux standards de beauté, moins « blancs », plus métissés et noirs.

Qu'on l'admire ou qu'elle nous insupporte, la famille Kardashian a permis d'instaurer un nouveau type de beauté, augmenté et boosté à coup de Brazilian Butt Lift (BBL), d'injections et de maquillage *contouring* jouant avec les ombres et lumières de la matière pour structurer son visage autrement.

Kim Kardashian en première ligne, puis sa fratrie, a érigé des standards de beauté inatteignables naturellement. La particularité de ces traits ? Ils se rapprochent des attributs féminins des femmes métissées et noires, avec des formes plus voluptueuses de déesse callipyge : des hanches larges, des fesses rebondies et des seins bien remplis. Bien sûr, une origine ne définit pas un corps. Mais souvent, l'origine entraîne une construction sociale sur ce que devrait être la silhouette d'une femme d'une origine donnée. Avec la colonisation, le corps des femmes noires a longtemps été animalisé, bestialisé.

Sur TikTok, des jeunes femmes blanches utilisent filtres, maquillage, coiffures... pour au moins laisser penser qu'elles possèdent des origines étrangères. Elles vont parfois jusqu'à s'inventer un pseudonyme à cet effet (ex : la star de téléréalité Milla Jasmine, Marie-Charlotte Germain de son vrai nom, a toujours laissé penser qu'elle était d'origine arabe, comme sa sœur Safia, ou plutôt Gwendoline Germain). De plus en plus, elles sont accusées de faire semblant d'avoir ces origines sans en porter la charge, c'est-à-dire le racisme. Tout en renforçant les stéréotypes de genre et de race sur les femmes arabes, perçues comme des « beurettes ». En France, ce mot était la première requête pornographique du top 10 en 2019 selon *Le Parisien*. Et, en 7e et 8e positions, « marocaine » et « arabe ».

Or, à partir de 2012-2013, ce corps longtemps mal perçu devient une norme. J'étais au lycée quand la petite Kylie Jenner est arrivée du jour au lendemain sur Instagram, métamorphosée. Impossible de la reconnaître. De là, les callipyges prennent le pas et envahissent nos réseaux sociaux, nos écrans télévisés avec les stars de téléréalité, les clips musicaux regorgeant de mouvements de twerk maîtrisés... Ayant alors peu de connaissances sur les techniques de médecine et de chirurgie esthétique à l'œuvre, nombre d'entre nous se sont fait avoir et ont développé de grands complexes. Surtout les femmes, qui, il me semble, ont été énormément atteintes par ces nouvelles exigences de beauté, supposées être obtenues naturellement, mais dans les faits impossibles sans passer par la case bistouri.

Sauf que, comme toutes les tendances (et même les plus toxiques), celle de ce corps augmenté a touché à sa fin. Au bout de quelques années, à force de voir des femmes modifier leur morphologie des pieds à la tête pour entrer dans le moule, fini d'être impressionnés. Nous voilà habitués. Plus personne n'est dupe, tout le monde sait que la star du petit écran Milla Jasmine n'a pas obtenu son gigantesque popotin en mangeant de la pizza. La presse a relaté les dangers de ces opérations plus qu'invasives. Nous nous sommes lassés de cette beauté uniformisée, promulguée par le clan Kardashian, inspirée des femmes racisées. Avant ça, au début des années 2000, le standard en vigueur était la blancheur.

Mais, comme toutes les folies, celle-ci prend fin pour laisser place à une autre. Désormais, cap vers l'Asie. Avec l'émergence de la vague *hallyu* coréenne et d'autres mouvements culturels asiatiques, une jeunesse fascinée par ce continent tente de s'en approcher au maximum, y compris physiquement.

Peau laiteuse, mâchoire taillée en forme de triangle comme dans les animes, yeux grands ouverts façon manga, corps très fin : les *race change to another* (RCTA) ne cherchent pas tant à ressembler aux Coréennes réelles qu'à s'approcher de standards de beauté en vogue que nombre de femmes asiatiques s'acharnent à adopter pour être plus désirables, mais aussi pour faciliter leur insertion professionnelle. Hyperstéréotypée et essentialisée, l'identité se voit ici totalement résumée à un physique fantasmé.

Ces jeunes passionnés par la culture asiatique, au point de tout faire pour s'approcher du physique type, représentent la tendance dans son extrême. Toutefois, quand on regarde les tapis rouges des grands événements people, on observe que beaucoup de stars ont réalisé la chirurgie du *Foxy eyes* (canthopexie en français). Cette opération consiste à se créer des yeux en amande pour allonger le regard et le rendre plus tendre et féminin, grâce à une petite incision dans l'un des plis horizontaux de la paupière supérieure. Les sœurs Kendall et Kylie Jenner, la mannequin Bella Hadid ou encore la chanteuse Ariana Grande l'ont toutes adopté. Ce regard de chat tiré vers l'extérieur de l'œil s'approche de celui des personnes originaires d'Asie du Sud-Est, du Japon...

Face à cet engouement qui touche surtout des adolescentes biberonnées aux mangas, des internautes d'origine asiatique dénoncent l'appropriation culturelle. Mais aussi la différence de traitement entre les pays perçus comme modernes – comme la Corée du Sud, le Japon et la Chine – et d'autres comme le Laos, le Vietnam et la Thaïlande, ainsi que la fétichisation des femmes asiatiques. Et ils ne manquent pas de rappeler que leur culture n'est pas une mode à adopter quand ça nous arrange.

Notons d'ailleurs qu'Ariana Grande, longtemps accusée de *black fishing* (soit de prendre des attitudes de personnes noires pour laisser planer le doute sur ses origines), est désormais accusée d'*asian fishing* (de même, avec les personnes asiatiques). D'une couleur de peau volontairement foncée, et d'un « *blaccent* » (un accent utilisé par les Noirs), elle est passée depuis à un monolide, a blanchi sa peau et a drastiquement perdu du poids, elle qui était déjà mince. Un peu comme on le voit dans beaucoup de productions (clips, K-drama...) coréennes, japonaises... En effet, au regard des passions des Gen Z et des Gen Alpha, la décennie que nous avons déjà entamée sera tournée vers l'Asie. Jusqu'à ce que la tendance s'épuise, que tout le monde l'ait adoptée au point qu'elle devienne *has been*, et qu'une autre prenne le dessus.

Tinder, quand votre ethnie vous offre plus ou moins de chances de rencontrer l'amour

Comme nous venons de le voir, avoir un physique type Asie du Sud-Est est en vogue en ce moment et pour quelques années encore. Pour le prouver, rien de mieux que d'aller piocher du côté de l'application de rencontre Tinder.

Selon une étude réalisée par l'application OkCupid, effectuée en 2014, parmi les minorités visibles, les femmes asiatiques seraient les plus « désirables ». Pourtant, leurs homologues masculins verraient leur profil quasi systématiquement balayé vers la gauche, éliminé en somme. C'est ce qu'on appelle la « *yellow fever* », soit la fièvre jaune, pour désigner l'attirance particulière, voire exclusive, pour les femmes asiatiques.

Et ce n'est pas le créateur de contenus Kevin Tran (5,5 millions d'abonnés sur YouTube) qui dira le contraire. Dans sa vidéo « Être asiatique en 2024 », ce jeune homme anciennement connu sous le surnom « Le rire jaune » en référence à ses origines sino-belgo-vietnamiennes, confesse à ses abonnés un changement de paradigme dans la façon dont on considère les hommes asiatiques depuis quelques années. En 2012, il se souvient que ces derniers étaient loin d'avoir la cote avec la gent féminine. Puis l'arrivée du groupe de K-pop BTS aurait tout changé selon lui, avec l'effervescence de la pop culture coréenne érigeant de nouveaux standards de beauté. Les K-dramas, très populaires, mettent en avant le modèle du petit ami coréen idéal, beau, doux, attentionné (voir le *flower boy* un peu plus loin). Le nombre de messages privés envoyés sur ses réseaux sociaux par des femmes intéressées par lui aurait explosé.

Face à ce succès grandissant des personnes asiatiques, un terme est apparu dans la communauté : les bandeurs et bandeuses d'Asiats (*asian fetish*, en anglais). « *C'est des femmes qui veulent sortir avec toi, pas pour toi. Mais parce que tu ressembles vaguement à un poster d'un mec au-dessus de [leur] lit.* » Pour rire de ce fétichisme, le youtubeur explique qu'au moins, le *date* ne coûte pas très cher avec ces femmes, puisqu'il suffit d'un *bubble tea* coloré pour que la bandeuse d'Asiats soit aux anges.

Comme en témoigne Kevin Tran, les personnes asiatiques ont pendant longtemps été hors du circuit des relations affectives. Enfin, les hommes en tout cas. Il y a peu, ils étaient perçus comme des personnes asexuées, d'où le stéréotype lié à la petite taille de pénis qu'ils auraient tous. Cette forme d'essentialisation est liée à la colonisation. Souvent venues en France pour fuir la guerre ou la dictature, les premières générations d'Asiatiques occupaient des postes axés sur les services, en étant cuisiniers, blanchisseurs, plongeurs. Étant donné qu'ils avaient quitté leurs pays dans des conditions très difficiles et possédaient parfois un statut de réfugié, ces immigrés asiatiques avaient à cœur de sauver leur peau et de travailler dur. Mais aussi que leurs enfants excellent à l'école. C'est ainsi que cette communauté pourtant très large et variée a acquis une sorte d'image de minorité modèle, assimilée, silencieuse, gentille et inoffensive. D'où cette représentation dévirilisante pour les hommes asiatiques. Alors que les hommes sont désavantagés sur le marché relationnel, les femmes vivent l'inverse. Elles sont doublement féminisées, perçues comme douces, gentilles, dociles, serviables. Si vous parlez à une femme asiatique qui a fréquenté les applications de rencontre, elle vous dira certainement qu'elle a déjà reçu par messages ou en *date* nombre de clichés liés à son ethnie. Du type « *Tu dois bien masser vu que t'es asiat !* », ou encore « *Ton vagin est-il vraiment plus serré comme on l'entend ?* ». Bref, une essentialisation qui tend à faire comme si toutes ces femmes n'étaient qu'une seule et même personne, basée sur une pyramide de stéréotypes farfelus hérités des représentations coloniales des geishas et des prostituées des salons de massage asiatiques. D'ailleurs, ce succès des femmes asiatiques est également confirmé par l'industrie du porno. Depuis 2019, la recherche la plus fréquente sur Pornhub est *hentaï*. Vient ensuite une nationalité : *Japanese*.

Ce racisme sexuel est présent quand une personne a pour seul intérêt les origines d'une autre et qu'elle cherche à rencontrer des gens seulement issus de cette communauté ou de cette ethnie. Bien sûr, on peut avoir des préférences physiques. La question à se poser pour savoir si l'on est dans une situation de racisme sexuel, en tant que Blanc mais pas que, est : suis-je attiré.e par cette personne pour les stéréotypes que ses origines représentent ? Ou pour ce qu'elle est vraiment ? Dans une interview donnée à *Marie-Claire* en 2019, le chroniqueur et écrivain Yann Moix confie qu'il ne sort qu'avec des Asiatiques, « *essentiellement des Coréennes, des Chinoises, des Japonaises* », précise-t-il plus tard. Un choix qu'il qualifie lui-même de « *racialiste* ». Mais attention à ce qu'elles ne soient pas trop âgées, Yann Moix ne fréquente que des jeunes femmes. Qu'importe s'il avoisine alors les 50 ans.

Si elle touche beaucoup la communauté asiatique, la fétichisation ne se limite pas à elle, ni au fait d'être racisé. Comme toutes les femmes, celles de l'Est sont elles aussi touchées par ce phénomène, d'autant plus quand on cherche à s'approcher d'elles parce qu'elles sont plus traditionnelles et qu'elles seraient plus dévouées à leur mari que les autres (voir le *passport bro'*, chapitre 5). Mais ce racisme sexuel est d'autant plus violent lorsqu'il est amplifié par une différence ethnique.

Toujours d'après l'étude de OkCupid, on observe que les personnes noires vivent le contraire des Asiatiques pour ce qui est des stéréotypes de genre inhérents à leur ethnie. En effet, les personnes qui reçoivent le moins de messages sur l'application sont les femmes noires. À cause de la colonisation, nous avons hérité de stéréotypes liés au corps noir sauvage, primaire, quasiment animalisé. De ce fait, les hommes, censés être virils, le sont d'autant plus quand ils sont noirs. Tandis que leurs consœurs sont, elles, perçues comme plus masculines (voir « Une féminité agressive », chapitre 4). Ici, elles perdent donc leur féminité et leur capacité d'attraction. C'est ce que l'universitaire américaine Moya Bailey appelle la « misogynoire », soit une triple discrimination, à la fois sexiste, raciste et coloriste, vécue uniquement par les femmes noires. Il suffit de regarder les commentaires que la chanteuse Aya Nakamura essuie régulièrement sur son physique. Même son ex, le rappeur d'origine congolaise Niska, s'était moqué d'elle à ce sujet après leur rupture, la masculinisant en public sur X. Une de mes amies, Maïmouna, Ivoirienne d'origine, m'a rapporté qu'on lui disait souvent qu'elle est belle « pour une Noire ». Une réflexion censée être un compliment, qui lui brise le cœur. Encore plus quand elle vient d'un homme noir... Selon le média Quartz, les chiffres publiés par les développeurs de l'appli Facebook « Are You Interested » (« es-tu intéressé ») à partir de leurs propres utilisateurs étayent la citation de Maïmouna. Quand un homme noir se fait liker par une femme asiatique, il répond plus d'une fois sur quatre. Mais quand il s'agit d'une femme noire, il ne répond que dans 16 % des cas.

Dans leur essai *The Dating Divide. Race and Desire in the Era of Online Romance* (University of California Press, 2021), les sociologues Celeste Vaughan Curington, Jennifer H. Lundquist et Ken-Hou Lin analysent l'influence de la question raciale dans le contexte des rencontres amoureuses en ligne. Plusieurs constats. D'après eux, si ces lieux virtuels permettent d'élargir le champ des possibles, l'anonymat exacerbe les comportements racistes. Aux États-Unis, les hommes blancs sont ceux qui rencontrent le plus de succès dans le contexte des rencontres en ligne. Ensuite, les personnes noires vivent un désavantage unique. Et qu'importe s'ils sont blancs, asiatiques ou latino-américains, les hommes n'envoient jamais de messages à des femmes noires. De même du côté des femmes hétérosexuelles, qui auraient plutôt tendance à rejeter les avances faites par des hommes noirs, sauf quand elles le sont aussi.

À force de *swiper*, les algorithmes s'adaptent à nos préférences et nous proposent les profils ethniques en vogue, quand ils dissimulent les moins populaires. Il y a quelques années, l'application Hinge permettait d'intégrer à ses critères une sélection raciale, afin d'éliminer de fait certains groupes ethniques. Depuis le mouvement Black Lives Matter en 2020, cela a été supprimé chez Grindr. Finalement, les applications de rencontre reflètent un racisme complètement décomplexé, où l'on choisirait un potentiel partenaire d'une nuit comme d'une vie en fonction de sa couleur, de son goût, de son origine géographique. Un peu comme si on allait déguster un bon plat exotique...

Le flower boy

Ou quand fleurit l'homme post-#MeToo

Sa jeune filmographie compte déjà beaucoup de succès au box-office. À 28 ans, l'acteur franco-américain Timothée Chalamet ramène sa frimousse de statue grecque dans *Dune, deuxième partie* de Denis Villeneuve. Au même moment, le charme de son confrère français Swann Arlaud, dont les traits sont aussi doux que le prénom, explose sur TikTok grâce à des vidéos de lui campant un avocat dévoué dans *Anatomie d'une chute* (2023) de Justine Triet – film pour lequel il a obtenu le César du meilleur acteur dans un second rôle. Au point d'être désigné comme sex-symbol aux États-Unis. Les rôles d'hommes considérés comme des *flower boys* ne manquent pas sur les écrans, ces temps-ci !

À l'origine, ce terme vient du mot coréen « *kkothminam* » et désigne « un homme à la beauté d'une fleur ». Pas une invention récente, selon le *Rolling Stone* indien. Il a, en effet, été précédé par le « *hwarang* », ce poétique « chevalier florissant », héros guerrier de l'ancien royaume de Silla (jusqu'au VIIe siècle).

De nos jours, le *flower boy* est un jeune homme à l'apparence féminine et délicate, ayant un visage agréable, habillé de façon élégante et aux manières raffinées. Gentleman, il se montre respectueux dans ses relations affectives.

Au pays du Matin calme, on retrouve ce grand dadais à la silhouette fine, doucement musclé, sensible, soigneux et vulnérable, dans les séries de K-drama et dans les groupes de K-pop. Des produits culturels qui ont largement contribué à répandre les stéréotypes masculins coréens. Ce romantique tout en douceur sait néanmoins se montrer ferme, voire dur (ce qu'on appellera un « *pretty tough* »). Il peut parfaitement endosser les codes de la domination masculine. Par exemple, dans les K-dramas, il n'est pas rare de voir un patron harceler sa subordonnée pour espérer sortir avec elle, même si cela est présenté de manière glamourisée, comme dans *L'Empire du sourire* (2023) sur Netflix.

Depuis les années 90, la *hallyu* (littéralement « *vague coréenne* ») exporte le *soft power* de la Corée du Sud dans le monde entier et influence la pop

culture mondiale. L'expression coréenne s'internationalise alors pour devenir le *flower boy* qu'on connaît, qualificatif très mélioratif. De là, on s'éloigne des standards coréens, tout de même corrélés à des normes de genre, pour répondre à des considérations occidentales.

Chez nous, le *flower boy* s'affranchit des injonctions à la virilité. Il revendique une fluidité de genre, un droit à piocher dans le vestiaire féminin pour se parer d'un ensemble dos-nu d'un rouge flamboyant, par exemple, comme l'a fait Timothée Chalamet en dévoilant son corps filiforme sur le tapis de la Mostra de Venise en 2022.

Le *flower boy* n'a toutefois pas que des admirateurs. Pour les masculinistes, puisant dans leur vivier sans fond de stéréotypes réducteurs, il devient un « *soy boy* » (« garçon soja »). Une réinterprétation négative visant à décrédibiliser des hommes « *engloutis par le wokisme* » et soumis au « *matriarcat* » : efféminés, faibles, en manque de testostérone faute de consommer assez de viande rouge.

Les graines de soja contiennent des phytoœstrogènes. Certains pensent que cela « féminiserait » les hommes qui en consomment, diminuant ainsi la qualité de leur sperme et, par extension, la fertilité masculine. Cette théorie fumeuse, souvent diffusée par des internautes d'extrême droite, serait apparue sur le forum 4chan en 2017, selon Know Your Meme.

Même si la consommation de soja est, en effet, déconseillée en cas de cancer hormonodépendant ou de problème de thyroïde, surtout aux femmes, pas de quoi faner les jolis pétales de notre fleur bleue !

Chapitre 7

Le travail, c'est la santé ?

Repenser le travail

Qui veut encore faire du 9-18 heures en restant bêtement jusqu'au bout, même quand le travail est fini depuis belle lurette ? À quoi bon travailler dans une grande ville quand on peut squatter quelques jours dans la maison d'un pote en province, pour bosser dans le jardin l'air de rien ? Qui souhaite un retour au bureau complètement en présentiel ? C'est bien simple, dans les open spaces, plus grand monde.

La Gen Z repensait déjà la place du travail dans nos existences, mais il aura fallu que la pandémie de Covid-19 vienne tout accélérer. Pour nombre de jeunes, le travail n'est pas leur vie, ce n'est qu'un moyen de subsister. Et de se réaliser. En d'autres termes, la révolution laborieuse est en marche (et pas dans un esprit macroniste !). Cette période d'arrêt a mis en lumière et exacerbé les inégalités femmes-hommes dans les foyers. Un fait qui a permis de souligner à quel point le célèbre archétype de la *girlboss*, cette néoféministe hypercarriériste au management toxique, était dépassé. De là, des personnages comme l'*antiwork girlboss*, la *trad wife* ou encore sa petite sœur, la *stay at home girlfriend* ont émergé chacun dans un sens différent. La flexibilité gagnée avec la pandémie a également permis à nombre de jeunes de se dire : « *À quoi bon payer un loyer de 1 000 euros pour vivre dans une chambre de bonne parisienne, quand je pourrais partir sillonner le monde, à mes propres conditions, étant en free-lance* ? » En effet, la prolifération des statuts de travailleurs précaires empêche à la fois d'accéder au logement quand les revenus sont trop faibles, mais aussi de se projeter sur le long terme. D'où l'émergence du *digital nomad*, un archétype plutôt énervant avec ses stories pleines de plages paradisiaques et de café de coworking chic à Bali.

Le digital nomad

Ce télétravailleur voyageur

Alors que je prends une année de césure en Colombie en 2017, je fais la rencontre d'un oiseau plus si rare que ça de nos jours : un *digital nomad*. Mayer est un Américain de 29 ans à l'époque, originaire de San Francisco (Californie). En voyage depuis un an, il effectue un tour du monde et a déjà traversé l'Amérique centrale. Pour financer ses pérégrinations, ce freelance télétravaille comme UI/UX designer, chargé de concevoir des interfaces de sites web et d'applications. Son statut de travailleur « nomade du numérique » lui permet de ne pas avoir d'employeur fixe et d'être libre comme l'air. Il organise son temps comme il le veut. Souvent, il charbonne le matin et part en excursion l'après-midi.

En 2007, ce mode de vie est évoqué pour la première fois par Timothy Ferriss dans *La Semaine de 4 heures. Travaillez moins, gagnez plus et vivez mieux !* (Pearson), où il recommande de télétravailler dans un pays abordable pour tirer le maximum de ses revenus. Des années plus tard, la crise sanitaire due au Covid-19 achèvera de faire exploser la tendance.

Grand voyageur, le *digital nomad* écume les auberges de jeunesse et les espaces de coworking avec café à volonté et une bonne connexion Wi-Fi. Dans toutes les capitales, cet adepte du minimalisme est reconnaissable entre mille : son sac de *backpacker* sur le dos (avec adaptateur, VPN et multiprise), son ordinateur portable sous le bras et un casque à réduction de bruit vissé sur les oreilles.

S'il peut en énerver plus d'un avec ses airs de privilégié, la réalité est souvent plus nuancée. Prenons l'exemple de Julien : fils d'une « dame à tout faire » et d'un ouvrier, il n'a jamais eu la chance de partir en voyage. Maintenant qu'il est devenu graphiste autoentrepreneur, pourquoi s'imposerait-il de payer un loyer faramineux pour vivre dans un mouchoir de poche mal isolé, au septième étage sans ascenseur, avec moisissures et nuisances sonores ? D'autant plus qu'en tant que free-lance – un statut bien souvent rendu obligatoire par la flexibilisation du travail –, il est confronté à la précarité financière mais aussi à la difficulté de trouver un logement, faute d'avoir un emploi stable et des fiches de paie régulières. Depuis quelques mois, il a quitté la France pour s'installer à Bali.

Pionnier des « tracances » – contraction de « travail » et de « vacances » –, le *digital nomad* ne connaît pas de délimitation entre vie privée et vie professionnelle. Ayant un métier instable, travaillant en solitaire, il culpabilise dès qu'il passe trop de temps à lézarder sur la plage. Un coup de fouet et hop !, il se remet à enchaîner les missions, quitte à friser le burn out. Et tant pis s'il n'en tire aucun avantage social.

Malgré son souci d'optimiser ses conditions de vie, en transformant une situation a priori peu favorable en occasion pour découvrir le monde, le *digital nomad*, par son statut, pose des questions éthiques. Doté d'un passeport « fort » – qui dispense fréquemment de visa et facilite l'accès à nombre de destinations, notamment pour ce qui est de la durée de séjour –, le *digital nomad* vogue souvent vers des destinations abordables pour lui et ses semblables. Certaines villes prisées par ces travailleurs vacanciers se gentrifient, et les prix des logements y deviennent inaccessibles pour les locaux, comme c'est le cas à Lisbonne (Portugal), à Ubud (Bali, Indonésie) ou à Medellin (Colombie). Le 1er janvier 2024, un nouveau visa a été mis en place en Corée du Sud permettant aux travailleurs nomades de s'installer pendant un ou deux ans. Voyagez jeunesse !

La girlboss

Cette néoféministe supercarriériste

Tous les matins, elle est présente dans « Le 7/10 » de France Inter, chaque samedi soir sur le plateau de « Quelle époque ! » de France 2, tout en étant la tête d'affiche du podcast « Femmes puissantes »... Pour ponctuer sa biographie sur le réseau X, la journaliste Léa Salamé écrit *« dor*[t] *parfois »*, comme pour montrer que, malgré un emploi du temps de ministre, elle arrive à dégager du temps de sommeil résiduel, telle une *girlboss*.

Ce terme apparaît en 2014 aux États-Unis, quand la cheffe d'entreprise Sophia Amoruso publie son autobiographie sobrement intitulée *#GirlBoss* (Globe, 2015). Dans ce best-seller, la Californienne raconte comment, à 22 ans, elle a bâti la première friperie en ligne, qui deviendra l'empire de la fast fashion Nasty Gal (« vilaine fille »). *« J'ai construit mon entreprise toute seule avant même d'avoir 30 ans. Je ne viens pas d'une famille riche, je n'ai pas fréquenté d'école prestigieuse, mais j'ai passé des années à me salir les mains en triant des tas de fripes »*, fanfaronne-t-elle en quatrième de couverture. En 2017, la série *Girlboss* de Netflix finit de populariser l'appellation. Mais la réalité qu'elle recouvre surgit en fait bien avant, dans les années 90, avec la figure de la *business woman*, travailleuse performante et épouse-mère accomplie, grande prêtresse de la conciliation des compartiments de vie.

On utilise aujourd'hui l'étiquette « *girlboss* » pour qualifier plutôt une milléniale blanche, qui arrive à conjuguer plusieurs existences à la fois : celle de femme heureuse en couple, de mère moderne, d'entrepreneuse indépendante, de cheffe d'équipe ambitieuse, de sportive invétérée. Tout ça le sourire aux lèvres (rouge carmin), l'air de dire à ses consœurs : *« Si j'y arrive, vous pouvez toutes le faire. »* Sur TikTok, le mot-dièse #girlboss enregistre plus de 13,4 milliards de vues.

Mais depuis le Covid-19 et les réflexions sur la place du travail dans nos vies, ce discours censément féministe est de plus en plus perçu comme culpabilisant. Dans le monde anglo-saxon surtout, le concept de « *girlboss* » prend une connotation plus péjorative et ironique, et devient une blague pour critiquer l'injonction néolibérale à tout concilier sans moufter, tout en promouvant le culte de la performance de soi.

Sophia Amoruso oublie de préciser que le succès de son entreprise repose sur les épaules fébriles de stagiaires renouvelés tous les deux mois – pour éviter d'avoir à les rémunérer légalement. Et que dès que sa seule et unique salariée, lessivée par ce job à temps plein au sens propre, parlera de partir en congé maternité, elle la licenciera sur-le-champ.

En 2021, le mème « *Gaslight, Gatekeep, Girlboss* » (« manipule, contrôle l'accès, *girlboss* ») fait le tour du monde. Ce détournement de l'expression « *Live, Laugh, Love* » (« vis, ris, aime ») se moque de la figure de la *girlboss* et la dépeint comme une femme puissante peu scrupuleuse, qui crée autour d'elle un espace de travail toxique qu'elle dissimule sous un vernis féministe.

L'antiwork girlboss

Cette jeune diplômée rebelle en quête d'un travail zéro zèle

Comment refuser à son patron des tâches qui ne font pas partie de la fiche de poste, sans se faire virer, tout en restant professionnelle et polie ? Gabrielle Judge, Américaine de 26 ans, a la solution. La créatrice de contenus conseille à ses abonnés de faire l'autruche, en faisant semblant d'être occupés. Son mantra : « *Soyez la deuxième pire personne de votre équipe, et vivez votre vie.* »

Surnommée l'*antiwork girlboss*, cette papesse du travail sans prise de tête est la cheffe de file du mouvement Lazy Girl Jobs (« emplois de filles paresseuses ») – réponse à la *girl boss*. Fidèle à son patronyme, Gabrielle juge les pratiques communément admises dans le monde du travail et les remet en cause. L'histoire commence au printemps 2021, lorsque Gabrielle Judge, consultante dans la tech, vit un burn out. À ce moment-là, elle suit le phénomène de la *Great Resignation* (« grande démission », qui débute en juillet 2020). En 2022, selon un rapport fédéral du Job Openings and

Labor Turnover Survey, 50,5 millions de personnes ont quitté leur travail aux États-Unis, un record. Sur les réseaux sociaux, de jeunes Américains annoncent fièrement avoir lâché leur job (certains se filment même en direct durant l'annonce au patron), quand d'autres promeuvent le Quiet Quitting (le fait d'en faire le moins possible au travail et de le revendiquer) à travers le #quit-tok (112 millions de vues).

Après avoir démissionné, Gabrielle Judge fonde le compte Instagram « Anti Work Girlboss ». Au départ, elle souhaite faire passer un message : la journée de 9 heures-17 heures ne fait plus sens. Puis elle commence à prodiguer des conseils pour trouver un équilibre entre vie professionnelle et vie privée ; soit se contenter de faire ce pour quoi on est payé tout en donnant l'impression qu'on est surchargé. La sauce prend rapidement.

Aujourd'hui, ses fidèles abonnés suivent religieusement ce mouvement *antiwork*, porté par les *snail girls* (« filles escargots »). Une tendance qui concerne aussi les jeunes hommes. Si les travailleuses de la flemme paraissent évincer leurs congénères masculins, c'est parce que l'ambition affichée est aussi féministe. Gabrielle Judge dénonce en creux les obstacles professionnels que doivent surmonter les femmes (90 % d'entre elles disent souffrir du syndrome de l'imposteur, ce sentiment d'être incompétent, selon une étude publiée par The Hub Spot, en 2022).

Mais au fait, un *lazy girl job*, c'est quoi ? Il s'agit d'un emploi pas trop stressant, avec des horaires de travail flexibles, du télétravail bien sûr, et un bon salaire. C'est aussi une activité sans risque pour la santé, où les rôles et responsabilités de chacun sont bien définis dans la fiche de poste. Bref, un taf idyllique, cadré, où l'on feint d'avoir atteint ses objectifs en réunion.

Pour les défenseurs du zéro zèle, inutile donc de trop se fouler, puisque la nouvelle génération de diplômés n'obtiendra pas les mêmes avantages que ses aînés et subira de plein fouet les conséquences du dérèglement climatique.

Marre d'être payé au lance-pierre, parce que « *l'important, c'est le projet* », alors qu'on ne parvient même pas à payer le loyer d'une chambre de bonne riquiqui ! Les « *tu prends ton aprèm ?* », alors qu'il est 18 heures passées, ou « *prépare-toi à bosser beaucoup, ici on ne compte pas nos heures* » font bondir la *lazy girl*. Consciente de ses qualifications et du marché du travail devenu assez favorable pour les jeunes diplômés, elle sait comment tirer profit de la situation. Les jeunes peu qualifiés, eux, devront continuer à cumuler des emplois mal payés.

Au charbon, une fracture générationnelle

Les tentatives visant à redéfinir les contours du travail font l'objet d'une défiance générationnelle, encore plus depuis la pandémie. Là où les jeunes cherchent à trouver un meilleur équilibre vie professionnelle/vie personnelle, les plus âgés y voient parfois une flemme généralisée promue par une génération de petits capricieux. D'enfants rois qui parasitent la maison de leurs parents pendant longtemps – bien sûr sans prendre en compte les paramètres toujours plus compliqués pour accéder au logement dans les grandes villes. Quand eux ont trimé, ne se plaignaient pas quand ils avaient quatre heures de trajet aller-retour chaque jour pour aller d'une banlieue à une autre, et devaient supplier leur employeur pour obtenir un jour inopiné de télétravail. Entre les jeunes et les plus âgés, on décèle donc une fracture générationnelle de taille.

Pour cause, l'état du marché de l'emploi permet aux jeunes qualifiés d'être très exigeants et sélectifs quant au choix de leur entreprise. Après une année record en 2023, les embauches de cols blancs devraient rester fortes en 2024, selon l'Apec. Et les profils juniors (moins de cinq ans d'expérience) représentent 47 % des intentions de recrutement. Ces personnes savent qu'elles ont une marge de manœuvre intéressante pour faire jouer la concurrence. En 2023, 61 % des employeurs estimaient que le recrutement devenait plutôt casse-tête, d'après l'enquête « Besoins en main-d'œuvre » de France Travail (ex-Pôle emploi). D'autant qu'une fois qu'on l'a embauchée, encore faut-il réussir à garder cette main-d'œuvre extrêmement volatile, ayant un goût prononcé pour l'expérimentation prolongée et les sauts de puce. Fini le temps où l'on restait quarante ans dans la même entreprise.

Nous sommes beaucoup de jeunes à avoir vu un de nos parents se faire virer comme un malpropre du jour au lendemain à cause de plans sociaux. L'ancienneté ne protège personne. Malgré vingt-cinq ans passés dans une boîte, tout le monde peut être remercié un matin en cinq petites minutes. Alors pourquoi vouer une fidélité sans faille à un employeur qui nous appelle encore Marine au lieu de Maureen ?

Pour les Gen Z, la figure écrasante de la *girlboss* a été le moteur de nombre de mouvements dénonçant ses aspects culpabilisants, essentiellement pour les femmes censées être des entrepreneuses innées et mener de front plusieurs vies avec brio.

Mais cette brèche ne concerne pas que les plus âgés, puisque même les plus jeunes s'écharpent entre eux. Désormais, la Gen Z fait volontiers de ce terme une insulte, pour souligner les différences générationnelles vis-à-vis du carriérisme supposé des milléniaux. Passée d'iconique à ironique, la *girlboss* est devenue l'emblème d'un capitalisme sans scrupule ayant recours au *purple washing* (faire croire qu'on est féministe sans l'être vraiment) pour faire du profit. Ses facettes sombres peuvent parfois la pousser jusqu'au harcèlement, à la discrimination. Une étoile miroitant tout en contrastes.

Le mouvement de l'*antiwork girlboss* mené par l'Américaine Gabrielle Judge se place lui aussi en rupture avec la *girlboss*. Mais, ces derniers mois, les médias américains se sont emparés du phénomène avec beaucoup de dédain et de paternalisme. La très conservatrice chaîne d'information Fox News a même titré, le 11 juillet 2023, dans un bandeau télévisé : « *La Gen Z trouve un moyen de devenir plus flemmarde encore.* » De quoi raviver la bonne vieille rengaine de certains boomers, considérant la jeune génération comme irresponsable et capricieuse. De son côté, Gabrielle Judge explique, pour justifier ses choix, qu'elle a été élevée par une mère célibataire qui travaillait dur, sans avoir pour autant les moyens de trouver un logement décent.

Les *lazy girls* ont reçu le soutien inattendu d'un allié de poids : Hugh Jackman. Dans le podcast « The Tim Ferriss Show », l'acteur australien, révélé par son rôle de Wolverine dans la franchise *X-Men*, a affirmé que, s'agissant du travail comme du sport, plutôt que de se donner à 110 %, il fallait se contenter de 85 %, histoire d'entretenir une forme de sérénité. Un précieux soutien d'un boomer, finalement. Comme quoi !

La trad wife

La nouvelle femme au foyer

Quel plaisir coupable que celui de se revendiquer féministe tout en visionnant en cachette les vidéos de « *traditional wife* » (« épouse traditionnelle »), qui font la promotion d'un retour aux valeurs patriarcales des années 50. J'avoue être envoûtée par cette tendance aux 309 millions de vues sur TikTok – cette chronique a d'ailleurs été écrite sur un napperon brodé de fleurs déniché chez mamie. Mais comment résister au charme de ces jolies jeunes femmes, brushing travaillé, look vintage et tablier noué à la taille, qui se démènent pour nous apprendre comment rester au top en toutes circonstances, même après huit mois de grossesse ?

Cet épiphénomène apparaît en 2013 aux États-Unis sur le forum Reddit baptisé Red Pill Women (74 000 membres aujourd'hui). Durant l'élection qui voit Donald Trump accéder à la présidence, en 2016, des femmes détournent son slogan de campagne et le transforment en « *Make Traditional Housewives Great Again* » (« rendre leur grandeur aux femmes au foyer traditionnelles »). Puis, lors de l'explosion du mouvement #MeToo contre les violences sexuelles, la *trad wife* se pose à rebours des évolutions féministes. Depuis 2016, la Britannique Alena Kate Pettitt alimente un blog intitulé The Darling Academy. Ce dernier explose pendant la pandémie de Covid-19. Confinement oblige, de nombreuses femmes se replient sur le souvenir d'« époques doudous » perçues comme plus douces.

La *trad wife* aspire à un retour à la division genrée (et essentialisée) des rôles, où la femme se lève bien avant son mari pour s'apprêter et lui préparer le petit déjeuner, s'occupe des tâches ménagères, fait son pain maison et éduque elle-même sa marmaille. Conservatrice, antiavortement et ultrapatriote, elle milite pour maintenir la famille nucléaire au centre de sa vie. On croirait parfois entendre nos petites mamies réincarnées en poupées TikTok avec filtres.

Nostalgique des années 50, cette grande coquette fait tout pour plaire à son mari. Très fière du statut social de ce dernier – encore plus quand il est en uniforme –, elle ne cesse de chanter ses louanges en public.

En France, la militante d'extrême droite Thaïs d'Escufon, porte-parole de Génération identitaire de 2018 à 2021 (date à laquelle le groupe est dissous par le gouvernement), promeut cette tendance réactionnaire, même si, sur son blog, elle émet quelques réserves à propos du mode de vie des années 50. La youtubeuse invite l'homme qui serait attiré par ce type d'épouse à se poser cette question très pragmatique : *« Avez-vous les moyens d'entretenir une femme au foyer ? »* Pour l'antiféministe de 25 ans, à moins de 4 500 euros de salaire mensuel, il ne doit même pas y penser, surtout s'il envisage d'avoir cinq enfants avec sa *trad wife*, et de les scolariser dans le privé.

Si l'on y regarde de plus près, on s'aperçoit néanmoins que la *trad wife* ne lorgne pas du côté de la *desperate housewife* à l'ancienne qui confectionnait des napperons en attendant son mari. Chez nos sensuelles Bree Van De Kamp 2.0 au sourire parfait, le métier d'influenceuse aide à bâtir des empires numériques qu'elles ne cessent de diversifier. Comme la Canadienne Gwen the Milkmaid (68 000 abonnés sur TikTok), petite croix argentée au cou, qui proposait, il y a encore quelques semaines, du contenu pour adultes sur OnlyFans. Derrière son discours de femme soumise à son mari, la nouvelle épouse tradi bouscule parfois les codes.

La stay at home girlfriend

Cette petite amie dévouée

Rester à la maison, en chaussettes de ski et jogging épais, procure un certain (ré)confort, surtout quand on n'a pas d'impératif enquiquinant au programme. Pour la *stay at home girlfriend* (ou SAHG, littéralement la « petite amie qui reste à la maison »), cette vingtenaire souvent blanche, sans enfant ni bague au doigt, c'est même tout un art de vivre. Jusqu'à ce que, à l'approche du retour au foyer de son bien-aimé, elle troque son tee-shirt informe et ses pantoufles en moumoute contre un body seyant et des baskets de sport.

Cuisiner un bon petit plat, aspirer les poussières, récurer et astiquer font partie de son quotidien, auquel il faut ajouter les incontournables séances de sport et la routine bien huilée des soins du visage, dont le yoga facial pour prévenir les rides.

La *stay at home girlfriend* se plie en quatre pour prendre soin et de la maisonnée et de son apparence, en attendant que réapparaisse l'être aimé. Car plus elle en fera en son absence, plus elle pourra passer du « temps de qualité » à ses côtés, sans que leur couple parfait soit parasité par les petites embrouilles du quotidien, type : *« Hé, c'est ton tour de vaisselle ! »*

Depuis la pandémie, les jeunes femmes se revendiquant #SAHG postent sur TikTok des vidéos de leur quotidien idyllique de petites amies sans emploi, oscillant entre farniente et tâches domestiques non rémunérées, loin du carriérisme de la *girl boss* des années 2000. En 2022, la tendance prend le nom de #StayAtHomeGirlfriend (356 millions de vues sur la plateforme chinoise).

Mais ce médaillon, arboré fièrement et qui se voudrait si enviable, a son revers : en réalité, ces demoiselles passent leurs journées seules et le vivent parfois mal, comme emprisonnées dans un donjon doré. Leur bel enthousiasme et leur sourire enjôleur, ces privilégiées ne les retrouvent que lorsqu'elles entendent tinter le trousseau de clés de leur jules. Elles se retiennent de sauter du canapé pour lui faire un accueil à la hauteur de leur joie.

Sauf que, après une harassante journée de travail, le jules en question finit souvent par les repousser pour profiter de ses loisirs personnels (et attendez que *GTA VI* arrive en 2025 !). Moment de flottement : est-il encore amoureux ? Les pires hypothèses se bousculent alors dans l'esprit de la SAHG.

En situation de dépendance financière et affective, elle érige sa relation au centre de sa vie. Loin d'être antiféministe, cette jeune femme préférant les câlins de son conjoint aux brimades d'un patron pose la question du choix d'être femme au foyer et de ses ressorts économiques. Dans *Le Couple et l'argent* (L'Iconoclaste, 2022), la journaliste Titiou Lecoq démontre comment, du berceau au linceul, les femmes tendent à rester financièrement dominées et à s'appauvrir au fil de leur vie. Aussi bien à cause de lois que de stéréotypes de genre. *« En ne s'intéressant pas aux inégalités économiques entre les femmes et les hommes, on ne se contente pas de les laisser stagner, on les accentue »*, dit-elle en introduction. Puis elle note que les femmes s'appauvrissent dans le foyer conjugal, au profit des ambitions de carrière de leur conjoint, soulignant que les études économiques *« ne s'intéressent pas aux femmes ni au travail gratuit qu'elles fournissent »*. Rappelons au passage que la domination économique est une facette insidieuse des violences conjugales.

En cas de rupture, la SAHG sera donnée perdante – bien plus que sa grande sœur mariée, la *trad wife*. Révolue, la quiétude financière, envolée, la maison confortable, balayée, l'utilité (réelle ou fantasmée) auprès de l'être aimé. Alors, à quoi donc tous ces bons et loyaux services auront-ils servi ? Quelques mois de deuil amoureux et une rencontre forcée avec le célibat plus tard, la SAHG, enfin libérée de toute dépendance, se dira : *« Ça y est, je m'en suis sortie »*, avant de prendre en main ses propres rêves (et de remercier son ex de l'avoir éconduite).

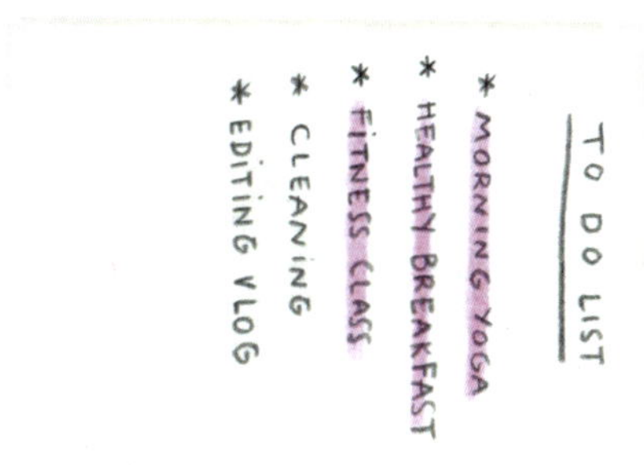

Une dangereuse vague de trad wives, *vraiment ?*

Depuis quelques mois, la *trad wife* fait couler beaucoup d'encre dans les médias. Symbole de l'antiféminisme, elle serait l'expression même d'un recul du progressisme chez la gent féminine. Pourtant, ce n'est pas ce que les chiffres montrent.

Dans un sondage dévoilé par le *Financial Times*, en janvier 2024, déjà cité précédemment, on apprend que les Américaines de 18 à 30 ans sont plus libérales (dans le sens américain, c'est-à-dire à gauche) que la gent masculine, de 30 points. Or, il y a six ans, un tel fossé idéologique n'existait pas. La polarisation est également très marquée en Allemagne, au Royaume-Uni, en Corée du Sud, en Chine... On constate que ce phénomène est global. Autrement dit, les jeunes femmes sont de plus en plus progressistes, quand les hommes du même âge le sont de moins en moins et penchent plutôt de l'autre côté de l'échiquier politique, vers le conservatisme. Alors que la quatrième vague de féminisme déclenchée par le mouvement #MeToo en 2017 sur les réseaux sociaux a convaincu nombre de femmes de s'y intéresser, on observe un mouvement de *backlash*, un retour de bâton masculin en réponse à une supposée « crise de la masculinité ». Mais aussi parfois féminin, comme avec la *trad wife*.

Malgré tous les contenus alarmistes à son sujet, elle n'est finalement que le fantasme masculin d'une femme soumise, déguisée en femme au foyer des années 50. Car, derrière son tablier parfaitement repassé et ses jolis gâteaux, cette femme souvent américaine possède un empire qu'elle gère d'une main de fer. De ce fait, pas besoin de s'inquiéter pour son indépendance financière en cas de divorce ou de potentielles maltraitances conjugales. Elle pourra s'en aller sans ressentir de pression financière.

Bref, on est loin de la petite femme entravée par son mari. Ici, on est plutôt face à un idéal féminin passé au filtre du regard masculin : une femme jolie, dévouée à son mari et à sa famille, qui ne moufte pas et se fiche bien des inégalités de genre.

Une chimère purement masculine, dans laquelle, telle une IA, la femme est modelée par les attentes d'hommes, souvent blancs et conservateurs, qui se sentent lésés à cause du féminisme et regrettent le temps où ils mettaient les pieds sous la table sans se poser de questions.

Par ailleurs, connaissez-vous des *trad wives* de 30 ans autour de vous ? Vous me répondrez sûrement que non. Comme la *trad wife*, la *stay at home girlfriend* mêle vie domestique, optimisation physique, regard masculin, don de soi, tout en travaillant un peu gratuitement, finalement. Mais les SAHG se révèlent être des personnages moins poussés à l'extrême, moins sensationnels. Alors à quoi bon en parler dans les médias ?

Selon moi, la *stay at home girlfriend* est bien plus intéressante à analyser. Loin d'être antiprogressiste, cette petite sœur de la *trad wife* se pose elle aussi en rempart face à une *girlboss* toujours plus mensongère, un peu comme l'*antiwork girlboss*. Dans la vie réelle, il n'est pas rare d'en croiser. Nous connaissons tous des récits d'amies dans cette position, qui se sont pris une petite claque quand leur relation s'est terminée. Tout simplement parce que, pendant qu'elles permettaient à leur conjoint de construire une carrière, de s'enrichir, elles se sont enfermées dans des tâches du quotidien non valorisées par la société et non rémunérées. À la fin du couple, c'est *nada*. Il ne lui reste plus que ses yeux pour pleurer.

Conclusion

Le cliché existe-t-il vraiment ?

Alors que nous arrivons à la fin de cet essai, vous avez sûrement déjà reconnu dans les archétypes du numérique présentés pas mal de personnes que vous suivez sur les réseaux sociaux. Et, consciemment ou non, vous vous êtes sûrement aussi reconnus dans plusieurs, que ce soit de manière fièrement assumée ou un secret inavouable. Mais peut-être pensez-vous que je viens d'aligner un ramassis de clichés sans fond légitimé par la forme journalistico-sociologique. Vous jugez sans doute que je force le trait à chaque portrait pour en faire ressortir les pires contradictions et les anecdotes les plus juteuses. Il est vrai que parfois j'ai grossi le trait de la caricature au maximum. Par exemple, j'aurais pu choisir une *e-girl gameuse* standard, habillée en noir de la tête aux pieds, une femme tout à fait normale. J'ai pris le parti de décrire un cliché de la joueuse sexy avec oreille de chats, chose qui n'a pas forcément plu lors de la publication de cette chronique dans *Le Monde*. Ce n'est pas grave, je ne reproche pas aux réfractaires de ne pas être d'accord avec mon angle de vue.

À part pour quelques autres personnages, je me suis inspirée d'expériences que j'ai vues et entendues sur les réseaux sociaux, ou dans ma « vraie vie », livrées par des proches. Pour être tout à fait honnête, souvent je n'ai pas eu besoin de grossir beaucoup le trait, tant les gens poussent la caricature d'eux-mêmes à son paroxysme, obéissant à tous les codes – implicites ou explicites – pour correspondre à un archétype. Sur les réseaux, ce phénomène qui revient à se conformer au maximum à ce qui est attendu pour être étiqueté comme tel ou tel personnage se fait plutôt naturellement. On fait en sorte de cocher toutes les cases nécessaires pour entrer dans une catégorie donnée, sorte de filtre déformant de la réalité, et obtenir ainsi la sensation d'avoir plus de valeur en ligne parce qu'on fait corps avec une communauté.

En sciences sociales, une approche similaire des clichés a été menée par l'un des pères de la sociologie, Max Weber qui a défini des idéaux-types. Il s'agit de lunettes par lesquelles on regarde le monde, en s'appuyant sur des catégories et des concepts qui permettent de saisir la réalité malgré la complexité. L'idéal-type ne se veut pas parfait, il préfère afficher des traits saillants pour aider à penser le sujet. Pour mes sociotypes du numérique, l'idée n'est pas non plus que l'on va s'identifier à 100 % à un seul personnage.

Ce qui est beau dans ces petits personnages catégorisés dans des chapitres distincts, c'est peut-être le fait que nous pouvons tous nous reconnaître dans plusieurs d'entre eux. Si vous questionnez mon conjoint, il vous dira tout de suite que je suis une énorme *high maintenance girl*, aussi exigeante avec elle-même qu'avec lui, acharnée au travail et obsédée par son apparence (je vous vends du rêve, hein). J'ajouterai que je suis également une *bad bitch*, une *toxica* parfois quand je suis lourde avec mon jules, et bien d'autres personnages que je n'oserais dévoiler. Ainsi, tout le monde peut se reconnaître, rien n'est fixe. On peut se réveiller en *flower boy*, puis filer la nuit sur des sites masculinistes obscurs et devenir un mâle sigma ou un philogyne caché. Enfin, on peut difficilement imaginer un tel revirement, c'était juste histoire d'illustrer le propos.

En quête de validation sociale

Alors que j'écris ces dernières lignes, j'ai beau avoir analysé une cinquantaine d'archétypes du numérique et avoir tenté de dérouler les multiples thématiques liées à cette représentation en ligne, je ne suis pas tellement plus avancée personnellement. La nuit de mes 27 ans, mon conjoint publie une photo de moi en jolie robe rouge – la première que j'ai portée au fameux mariage que j'ai raconté pour la *pick me girl* –, en story Instagram. Sur cette photo, je ne me trouve pas à mon avantage. Malheureusement pour lui, je ne peux m'empêcher de lui demander de la supprimer, malgré une tentative de résistance pour réfréner mes pensées obscures sur ce que les gens vont penser de moi. Impossible pour moi, j'ai l'impression d'avoir des bras de camionneuse et un corps peu ragoûtant (dysmorphophobie, éloigne-toi de moi !). L'air dégoûté, il supprime le cliché en question sur lequel il me trouvait très jolie.

Dans ma vie de tous les jours, je continue à poster sur Instagram des stories de moi en train de travailler à 2 heures du matin, l'air de dire, *« ah, tu vas te coucher ? Moi je suis sur mon bouquin depuis 10 heures du matin ! »* – performance toxique bonjour, *#THATGIRL* quand tu nous guettes. Le peu de fois où je me motive pour aller à la salle de sport, c'est-à-dire une fois par mois, je continue de partager une story pour rire de mon irrégularité (le réveil de ma *goofy girl*), tout en me mettant dans la peau d'une *fitgirl* bien dans ses baskets. À la fin de ma séance, je ne peux m'empêcher de montrer fièrement mon fessier fraîchement bombé grâce à la machine d'abduction. Dès qu'un de mes articles paraît dans le journal *Le Monde*, je le poste fièrement sur mes réseaux sociaux (Instagram, LinkedIn, X) pour présenter mon travail, telle une *girlboss* accomplie – une nouvelle fois toxique.

La vraie cheffe de file des *goofy girls*, ma mamie Geneviève

Malgré le fait que j'analyse le pourquoi du comment on se met en scène sur les réseaux sociaux, on « performe » même, mon statut de journaliste spécialisée sur ce thème m'empêche de m'en émanciper franchement. Et, au-delà de mon travail, il ne faut pas négliger le fait qu'étant de la génération Z, née entre 1997 et 2010, j'ai baigné dans la marmite des réseaux sociaux, en constante ébullition. Mon cerveau, comme celui de mes semblables il me semble, est habitué à cette perpétuelle recherche de nouveauté, à cette inattention prononcée. Plus on gagne en temps libre, plus on va être tenté de le perdre sur les réseaux sociaux, en raison de notre dépendance aux microrétributions frustrantes que l'on reçoit tout au long de la journée sur ces plateformes aussi addictives que l'est le *bubble tea*. Demandez à un jeune combien de fois il pense ouvrir Instagram dans la journée, vous en serez estomaqué. Pour ma part, j'ai une excuse implacable. Pour écrire ma chronique hebdomadaire « Toi Mème », publiée dans *Le Monde*, je me suis rendu compte avec joie de la chance que j'avais de scroller TikTok pour documenter mes articles, les sourcer, leur donner un impact chiffré. Pas mal comme boulot, franchement. Et puis, j'aime bien me dire que je travaille à partir de matériaux et ressources plutôt informels et mal considérés, des applications de rencontre aux réseaux sociaux, en passant par des séquences de téléréalité, des clips de rap... Finalement, une culture jeune, virtuelle, populaire pour faire de l'information. Et pas n'importe laquelle, une information plus proche des gens, qu'ils vivent et côtoient tous les jours. D'où l'intérêt que mes papiers parus sur le site du *Monde* présentent, il me semble, en parlant aux gens de ce qui les touche directement.

Quand cet essai sera sorti, je sais d'avance que je filerai modifier les biographies de mes réseaux professionnels, emplie de sentiments d'excitation et d'euphorie. À 27 ans, je deviendrai une véritable *slasheuse*, soit une personne qui emploie nombre de slashs (/) pour se décrire et montrer qu'elle a plusieurs métiers. Cela donnerait quelque chose comme « Anne Chirol, journaliste indépendante / chroniqueuse au *Monde* / essayiste / autrice *slash slash slash* ». Une description à rallonge, pleine d'autopromotion et d'ego, mais que voulez-vous, le journalisme est un milieu hyperconcurrentiel où nous sommes obligés de nous mettre un peu en avant, même si cela ne m'attire pas plus que ça. Quand j'étais étudiante à la fac de Nanterre, avec mes amis, on charriait un copain qui avait tendance à énormément parler pour finalement faire peu de choses dans la réalité. Sa bio X spécifiait : « Prénom. 20 ans. Journaliste / auteur / romancier / éditeur / compositeur / producteur / artiste / chanteur / interprète ». Bon, j'exagère un chouïa, mais à peine. *Fake it until you make* (fais semblant jusqu'à ce que tu y arrives, en français), devait-il penser, sans réaliser que vendre la peau de l'ours avant de l'avoir tué peut nous décrédibiliser.

Derrière ces démonstrations de réussite, nous cherchons une forme de validation sociale, à impressionner le chaland ou la jolie poule qui tomberait par hasard sur notre profil. Même si, à mon sens, ce phénomène est loin d'être propre aux réseaux sociaux ou à internet. La virtualité ne fait qu'amplifier le phénomène, simplement parce que nous scrutons les autres et nous nous sentons observés en retour. Il faut prouver, montrer, mettre en scène, performer. Désormais, chaque moment de vie se fête en version augmentée grâce (ou à cause) des réseaux sociaux. Une demande en mariage ? Filmée et partagée sur les réseaux dans la minute. Un enterrement de vie de jeune fille ? Immortalisé et aussitôt diffusé en ligne. La cérémonie de mariage ? On paie évidemment un vidéaste professionnel pour qu'il enregistre et monte ce souvenir en boîte, qu'on partagera *asap*. Un divorce ? Ça se fête aussi en grande pompe sur Instagram, liberté me voilà ! « *PS : je suis de retour sur le marché amoureux... Et toc pour mon ex-mari, ce gros lourdaud, regarde comme je m'éclate et retrouve mes 20 ans sans toi. Je suis en bombe depuis que ta face de pioche n'est plus dans les parages.* » N'oublions pas que les réseaux sociaux, que ce soit Instagram, TikTok, ou des plateformes de rencontre comme Tinder, nous mettent en scène tels des produits marketés à l'envi, qu'il faut optimiser pour intéresser le visiteur. Pour cause, si l'on arrive à bien se mettre en valeur, peut-être qu'on pourra obtenir une opportunité professionnelle, un contrat, un passage télé... Il y a quelques années, je remarquais par exemple que nombre de personnalités de feu Twitter, désormais X, arrivaient à se faire contacter par des maisons d'édition pour publier leur livre, en raison de leur forte communauté. Comment ont-ils fait ? Ils ont posté, retweeté des éléments drôles, montré leur personnalité. Bref, ils se sont mis en avant. Tant pis si leur œuvre est dénuée de substance, puisque la popularité de l'auteur génère des ventes. Votre livre aura beau être nul, ce n'est pas grave tant que vos abonnés filent en librairie pour l'acheter ! Désormais, que l'on soit militant écologiste, journaliste politique, chef cuistot, candidat de téléréalité ou étudiant lambda, chacun est un peu devenu créateur de contenus et influenceur. À nous la célébrité ! Hélas, pour les introvertis, le monde peut s'avérer plus cruel.

Dans cette quête de validation sociale, nous nous insérons dans un processus d'identification à un groupe, à une communauté. Mais, en même temps, nous aspirons à nous différencier, à trouver notre originalité, souvent sans succès, puisque nous obéissons implicitement à des codes couleur, à des esthétiques, à des manières de se mettre en scène, de s'habiller, d'agir, à des diktats de beauté... qui nous enferment un peu sans même que nous nous en rendions compte. Face à ces communautés, d'autres répondent à l'extrême inverse. Prenons la *girlboss* et l'*antiwork girlboss*, adepte des *lazy girl jobs*. Ou encore la *trad wife* et la *high maintenance girl*. Malgré leurs différences radicales, ces deux-là obéissent bien aux mêmes standards de beauté très durs et à des stéréotypes de genre, puisque toutes deux incarnent une féminité fantasmée. L'une, dans la docilité et la soumission. L'autre, dans l'émancipation.

Les problèmes liés à internet et aux réseaux sociaux sont nombreux. Même si ces sortes de tiers lieux virtuels, où l'on se rencontre, partage, se divertit et s'informe, sont d'une extrême richesse, ils apportent néanmoins leur lot de problèmes que l'on ne sait comment résoudre. Je pense aux *deepfakes* qui circulent en ligne et minent la vie de nombre de femmes, cyberharcelées et humiliées. Aux *fake news*. Au fait que la moitié des contenus pédopornographiques sont récoltés parmi ce que les parents postent eux-mêmes. Au fait que les contenus masculinistes visant à dénoncer les évolutions progressistes attirent nombre de jeunes hommes en construction. Au fait que les standards de beauté irréalistes ne sont pas près de s'éteindre, et qu'au contraire ils se renouvellent de plus en plus vite, telle une industrie du *fast body* très fructueuse. Je pourrais continuer longtemps à énumérer les problèmes exacerbés par la virtualité du support. Dans ce monde-là, on a plutôt intérêt à jouer le jeu qu'à le mettre sur pause. Pour finir, quelques lignes de la très talentueuse essayiste américaine Jia Tolentino tirées de *Jeux de miroirs. Réflexions sur nos illusions* :

« *Internet est déjà ce qu'il est. Il est déjà devenu l'organe central de la vie contemporaine. Il a déjà reprogrammé le cerveau de ses utilisateur·rices, nous renvoyant à un état primitif d'hypervigilance et de distraction tout en nous saturant de plus d'informations que jamais. Il a déjà construit un écosystème reposant sur l'exploitation de l'attention et la monétisation de l'individualité. Même en évitant complètement internet, on vit dans le monde qu'internet a créé, un monde dans lequel l'individualité est devenue la dernière ressource naturelle du capitalisme, un monde dont les modalités sont fixées par des plateformes qui se sont imposées quasiment hors de toute régulation.* »

Remerciements

Merci à mon éditrice, Talya Chaumont, et à toute l'équipe des Éditions Denoël pour la liberté d'action et la créativité folle que je peux cultiver à vos côtés. Je remercie aussi Lisa Carpagnano, l'illustratrice de ces portraits, avec qui les échanges se sont révélés fluides et agréables.

Je ne peux oublier de remercier les chefs du groupe Le Monde qui m'ont pris sous leur aile. À commencer par Anna Topaloff et Corinne Bouchouchi au Nouvel Obs, mais aussi Marine Miller et Léa Iribarnegaray du Monde Campus. Ainsi que Clara Georges, Nicolas Santolaria et Magali Cartigny du service Époque du Monde. À ces trois derniers, merci de m'avoir fait confiance lorsque j'ai eu l'idée de ma chronique "Toi Même" alors que j'étais encore une stagiaire fraîchement arrivée dans le monde du journalisme par des chemins de traverse hasardeux. Aussi, je remercie les éditeurs de ma chronique pour leur précieuse relecture et leur regard affûté auquel rien n'échappe : Alexandra Bogaerts, Guillemette Échalier, François Couzinié. Et, pour avoir trouvé le nom de cette chronique, et par extension de cet essai, Emmanuelle Chevallereau, directrice adjointe de la rédaction du Monde.

De tous les amis qui m'entourent au quotidien, je souhaite en remercier particulièrement deux : mes très chers Swati D. et Nicolas B. pour leur soutien inconditionnel depuis notre rencontre. Ensuite, je remercie ma famille proche d'arriver à supporter mes états d'âme de dramaqueen, à commencer par ma mère et Éric, ainsi que ma fratrie Pierre, Laurence, Élise, et ma cousine Marie. Et merci à ma petite mamie, la cheffe de file des "goofy girl", toujours fière de moi même si le dépassement technologique l'empêche de comprendre tout ce que j'écris.

Merci également à mon plus fidèle relecteur, ma moitié d'orange, Juan.

Table des matières

Création graphique : IP-3.fr / Olivier Marty
Imprimé par Grafica Veneta à Trebaseleghe (Pd) en octobre 2024.
Dépôt légal : octobre 2024.
Imprimé en Italie.
ISBN : 978-2-207-18314-4
640578